Stasis 내전
La guerra civile come paradigma politico
스타시스, 정치의 패러다임

조르조 아감벤
Giorgio Agamben
조형준 옮김

새물결

Stasis. La guerra civile come paradigma politico(Homo sacer II-2) by Giorgio Agamben
copyright ⓒ 2015 Bollati Boringghieri editore Torino
All right reserved.

Korean translation copyright ⓒ Saemulgyul Publishing House, 2017.
This Korean edition is published by arrangement with Girogio Agamben through Agnese Incisa Agenzia Letteraria in Torino.

옮긴이
조형준

서울대학교 영어영문학과를 졸업하고 동대학원 석사과정 수료.
옮긴 책으로 안토니오 그람시의 『그람시와 함께 읽는 문화: 대중 문화/언어학/저널리즘』, 움베르트 에코의 『포스트모던인가 새로운 중세인가』, 『열린 예술 작품』, 프랑코 모레티의 『근대의 서사시: 괴테의 〈파우스트〉에서 마르케스의 백년의 고독까지』, 『공포의 변증법』, 얀-아르튀스 베르트랑의 『하늘에서 본 지구』(공역), 발터 벤야민의 『아케이드 프로젝트』(I, II), 『괴테의 친화력』, 『일방통행로』, 돈 드릴로의 『코스모 폴리스』, 지그문트 바우만의 『리퀴드 러브』, 『빌려온 시간을 살아가기』, 슬라보예 지젝의 『헤겔 레스토랑』, 『라캉 카페』 등이 있다.

내전: 스타시스, 정치의 패러다임

지은이 | 조르조 아감벤
옮긴이 | 조형준
펴낸이 | 김태일
펴낸곳 | 새물결 출판사
1판 1쇄 2017년 5월 6일
등록 서울 제 15호-52호(1989. 11. 9)
주소 | 서울특별시 마포구 망원1동 409-48 2층
전화 | 편집부 02)3141-8697, 영업부 02)3141-8696
이메일 | saemulgyul@gmail.com
ISBN 978-89-5559-406-5(94100)
ISBN 978-89-5559-229-0(세트)

이 책의 한국어판권은 Agnese Incisa Agenzia Letteraria를 통해 저자와 독점 계약한 새물결 출판사에 있습니다. 저작권법에 의해서 한국 내에서 보호를 받는 저작물이므로 무단전재와 복제를 금합니다.

What's up 총서를
발행하며

 지금 우리에게는 우리의 '삶'에 대한 사유의 근본적인 전환이 절실하다. 그것은 소박한 앎에의 욕망도 그렇다고 앎에의 의지도 아니다. 오히려 그것은 우리의 생존 자체를 위해서 절박하게 요청되고 있는 바의 어떤 것이다. 현재 신자유주의로 통칭되는 자본(주의)은 물신분석의 대상을 넘어 우리의 신체와 의식 자체가 되어버렸다. 그리고 '88만 원 세대'라는 말이 상징하고 있듯이 학교와 직장에서, 그리고 심지어 모든 일상에서 모든 이의 삶이 '돈'으로 환산되어 쓰레기로 양산되고 있는 것은 누구나 목도하고 있는 바이다. 그러나 대학과 정치라는 제도는 이러한 우울한 시대의 저항과 비판의 보루이기를 그친 지 이미 오래이다. 인문학은 점점 '실용'의 미명에 압착당하고 있으며, 대학은 사회를 보호하는 사유의 장소이기를 멈춘 채, 테크노크라트들의 양성소로 변해가고 있다. 따라서 이 미혹의 역逆계몽 시대에 우리에게 필요한 것은 위기론이나 탈주론이 아니라 용기와 도전, 그리고 이를 위한 새로운 방법론을 탐구하기 위한 몸부림이다.

모순이 세계화하는 시대, 우리의 저항선은 온갖 장소에서 그어질 수밖에 없다. 사유의 '식민성'이나 '(잃어버린) 주체의 재건'과 같은 테제, 그러니까 "나는 내가 생각하지 않는 곳에 존재하고 내가 존재하지 않는 곳에서 생각한다"는 데에서 오는 불안은 오랫동안 한국의 지성들을 괴롭혀왔다. 다른 이의 표현을 벗어 던져라, 그러면 해방되리라. 그런데 어떤가 하면, "우리에게는 스스로의 생각을 다른 이의 표현을 따라 이해하는 경우가 너무 많다"(폴 발레리). 유럽의 하나 됨을 다름 아닌 사유의 잡종성과 표현의 연대 속에서 찾아낸 이 비평가의 말은 지금 우리에게 의미심장하게 들린다. 중요한 것은 고유한 주체가 아니라, 이 시대의 삶과 관련해 사유 자체를 개시하는 일이 되어야 한다.

그러기 위해서 우리는 세상 모든 생각에 고유성이나 주체성은 없다는 급진적인 공공성을 사유의 과제로 제기하려 한다. 즉 이식을 극복한 어떤 주체도 아니고 민중이나 다중이나 마이너리티도 아닌, 이름 없는 공동성을 탐구하는 일이 필요한 것이다. 사유의 외재성이 아니라, 고유성에 대한 믿음 자체에 저항하며, 우리는 삶의 조건 자체로 뚫고 들어가는 사유를 개시한다.

1848년 마르크스는 "하나의 유령이 유럽에 떠돌고 있다"고 썼다. 이 유령이 더이상 유령이 아니라 살아 움직이게 될 것임을 선언케 했던 그러한 징후가 우리 시대에도 여전히 존재하는지에 대해서는 말하지 않겠다. 다만 확실한 것은, 이 유령을 잡기 위해 연대한 '성스러운 사냥꾼들'만은 그 어느 때보다 견고한 모습으로 존재하고 있다는 사실이다. 사회에 대해 물음으로써 사회를 보호하는 것이 아니라, 사회 자체에 공헌하라는 명령 속에서, '사회'와 '공공성'에 대한 물음은 점점 더 설 자리를 잃어가고 있다. 너무 늦기 전에 움직이기 위해서 우리는 빨리 움직일 것이며, 무거운 지식과 속도의 지식을 한꺼번에 끌어오고 또 써나갈 것이다. 이름 없는 공동성을 탐구하기 위해, 사유의 적들에 틀림없는 '이름'을 부여할 것이다.

이러한 탐구를 위해 우리는 "What's up?"이라고 묻는다. 미국 흑인 노예 제도의 극악한 폭력성을 비극적으로 증언하는 이 "별 일 없었지?"라는 안부 인사는 고스란히 우리 시대의 아침 인사가 되고 말았다. 실업이 예외에서 일상이 되고, 오늘의 정규가 내일의 비정규로 떨어지고, 자본이 예술로 전도되는 이 시대. 그러니까 예외 상태가 보통 상태가 되어버린 이 시대, 우리 시대의 자본이 새롭게 발휘하는 마술 같은 공포의 변증법을 통해 우리 모두는 전혀 새로운 제도적·정신적 예속 상태로 노예화되고 있는 것이다. 게다가 그것은 감시와 처벌이 아니라 법의 준수와 제도의 안정이라는 이름으로 진행 중이다. 하지만 "What's up?"이라는 말은 단지 이러한 공포에 대한 승인만을 의미하지는 않는다. 어쩌면 그것은 폭력의 자행에 대한 묵종이 아니라 새로운 연대와 저항선을 그려나가기 위한 맹목적인 질문일 수조차 있다. "What's up?"이라는 이 자그마한 연대와 우정의 인사가 그러한 폭력적 제도의 정당성을 근본적인 질문에 부치는 작은 함성이라고 믿는다.

우리는 다른 이들을 통해, 그리고 그들과 함께 바로 지금 여기서 일어나는 일을 만날 것이다. 물음과 응답, 그것이 우리가 하고자 하는 모든 일이다.

— 김항, 박진우, 한보희, 황호덕

| 차례 |

What's up 총서를 발행하며 5

| 옮긴이 서문 | 몇 가지 시점時點과 시점視點
또는 카프카적 정치(학)? 11

서문 23

01 스타시스 57

02 리바이어던과 베헤못 57

참고문헌 107

일러두기

1. 이 책은 조르조 아감벤의 *Stasis. La guerra civile come paradigma politico*를 우리말로 옮긴 것이다.
2. 본문에서 인용되는 저서의 경우 국역본이 있는 경우 모두 참조했다.
3. 『성경』 인용문의 경우 주로 한국천주교주교회의의 번역을 따랐다. 다만 문맥상 필요하다고 생각되는 부분에서는 약간의 수정을 가했다.
4. 이 책에서 사용되는 라틴어와 그리스어 등의 고전어는 꼭 필요한 경우나 의미가 확정된 경우를 제외하고는 굳이 번역어를 제시하거나 음역하지 않았다.

옮긴이 서문

몇 가지 시점時點과 시점視點
또는 카프카적 정치(학)?

이 책은 아감벤의 '호모 사케르' 연작 'II-2'권인 *Stasis: La guerra civile come paradigma politico*를 우리말로 옮긴 것이다. 아감벤의 여러 저서 중 당대적 정치성이라는 측면에서 아마 가장 '시사적'이라고 할 수 있을 것이다. '내전'과 '현대 정치의 패러다임'이라는 제목부터가 그러한 느낌을 준다. 게다가 미국에서 9·11테러가 벌어진 직후인 2001년 10월에 미국의 프린스턴대학교에서 진행한 두 차례의 세미나를 담고 있다는 사실이 그러한 느낌을 한층 더 강화시켜준다. 하지만 이 책을 손에 넣을 독자에게는 그와 관련된 몇 가지 시점時點이 눈에 띌 것이다. 우선 이 책이 2015년에, 그것도 '호모 사케르' 연작의 최종 권인 『육체의 사용』(IV-2권)이 출판된 2014년 이후에 출판된 사실이 그것이다. 이 두 시점 사이의 커다란 간격은 의아함을 불러일으킬 수밖에 없을 것이다.

아감벤이 이 두 세미나를 진행한 2001년의 9・11 테러를 전후한 시기의 세계사적 격동에 대해서는 굳이 재론할 필요가 없을 것이다. 아무튼 지금 돌이켜볼 때 '애국법'과 '대테러전'을 통해 테러를 근절하자는 목소리가 울려나오기도 전에 동일한 세계사적 사건에 대해 '테러를 포함한 내전이 오히려 현대 정치의 패러다임'일 수도 있다는 명제를 제시한 아감벤의 혜안에는 새삼 감탄을 금할 수가 없다. 하지만 이처럼 당대적 화급성 속에서 진행되었을 것이 틀림없을 이 두 세미나가 어찌된 일인지 무려 14년의 긴 시간적 간격을 두고 2015년에야 출판되었다. 따라서 아감벤이 이 책에서 제기하고 있는 명제들의 타당성 여부는 이후 14년간 진행된 세계 정치의 시험에 맡겨야 할 것이다. 그래서인지 아감벤도 「서문」에서 당시에 제출된 두 가지 명제의 현재적 타당성에 대한 판단은 '독자들이 결정할 문제'로 돌리고 있다.

하지만 이 두 가지 시점적 時點的 간극은 동시에 두 가지 시점적 視點的 간극에 의해 중첩되고 있다. 즉 내전이 현대 정치의 패러다임이라는 명제가 먼저 고대 그리스의 내전 *stasis* 이라는 시점, 그리고 이어 근대 정치 철학의 '미스터리'인 홉스의 리바이어던이라는 시점에서 논구되고 있다. 이처럼 현대-고대-근대가 하나의 삼각 축을 이루고 있으며, 이를 다시 정치-철학-신학의 삼각 축의 시선으로 조명하고 있다. 따라서 이 두 시점視點과 관련해서도 이 책이 아감벤의 저서 중 당대적 정치성에서 가장 '시사적'라는 말 또한 두 가지 역사적 간격을 전제해야 한다.

이처럼 아감벤의 '당대적 시사성'은 전혀 당대적으로 보이지 않는 문맥과 참고문헌들로 둘러싸여 있어 독자로서 우리가 어떤 '몫'을 찾아야 할지 적잖이 당혹스럽게 만든다. 물론 최근의 트럼프 대통령의 '대이민 정책'뿐만 아니라 그나마 아프가니스탄에 갇혀 있던 알카에다와 달리 유럽의 심장부까지 옮겨간 IS와의 '대테러전'을 보면 세계사적 상황은 2001년의 수정증보판이지 개정판은 아니라는 생각이 드는 것이 사실이다. 따라서 2001년에 제출한 앞의 명제와 관련해 그것의 타당성을 '독자들이 결정할 문제'로 돌리는 아감벤의 조심스런 유보적 태도는 지나친 겸양처럼 보이기도 한다.

하지만 가만히 살펴보면 아감벤의 '당대적 시사성'이라는 것은 항상 이런 식이라는 걸 알 수 있을 것이다. 예를 들어 '호모 사케르'라는 로마 시대의 기이한 형상에 대한 논의를 담고 있으며 '주권 권력과 벌거벗은 생명'이라는 제목을 달고 1995년에 출판된 『호모 사케르』 1권의 표지에는 다소 놀랍게도(!) 1989년의 중국의 천안문 시위대 모습이 실려 있었다. 그것은 마치 본문에서 논의되는 로마 시대의 호모 사케르나 나치의 강제수용소 또는 카프카의 '성' 등이 '남의 이야기'가 아니라 (마르크스 말대로) '우리 이야기'라고 주장하는 것처럼 보였다. 하지만 독자로서는 '호모 사케르'라는 고대 로마의 형상과 현대 중국의 민주화 시위대 사이에 도대체 어떤 연관성이 있다는 것인지 의아함과 답답함을 느낄 수밖에 없는 것이 사실이 아닐까? 그의 저서 속에는 그에 대한 어떤 '직접적' 대답도 존재하지 않으니 말이다.

중요한 것은 오히려 거기에 아감벤 식의 사유방식의 혁명성이 있다는 것을 깨닫는 것일지도 모른다. 아마 아감벤의 텍스트와 아감벤이라는 저자를 카프카의 짤막한 우화 「법 앞에서」에 이렇게 비유해볼 수 있을지도 모르겠다. 즉 독자는 시골사람처럼 아감벤의 비의적인 텍스트 안으로 들여보내 달라고 끊임없이 조른다. 하지만 아감벤은 '문지기'처럼 문의 열쇠 운운하는 것이 아니라 '문' 자체를 새로운 성좌 속에 배치하는 것을 통해 '문지기'를 없애는 것을 새로운 인식 방법으로 삼는다(여기서 그는 완연히 벤야민의 제자이다). 아마 이러한 그의 방법론은 '달과 손가락'이라는 선불교의 공안公案과 비슷할지도 모르겠다. 그리고 이것은 당연히 '이론과 실천의 통일' 또는 '현실의 반영'을 중심으로 사유해온 우리 지식 사회의 관행과 그의 '궁구적窮究的' 사유방식이 길항 관계에 있을 수밖에 없음을 의미한다(하지만 천문학에서의 코페르니쿠스 혁명 같은 성좌의 변형이 진정한 [사유의] 혁명이지 않을까?).

아감벤의 이 책의 시사성은 이 책의 출간 시점時點과 관련해

해서도 일정한 시점視點의 조정을 필요로 하는 것처럼 보인다. 예컨대 우리는 지난겨울 "'아데미아*ademia*[즉 인민의 부재]'가 근대 국가의 기본 요소"라는 이 책의 주장과는 정반대의 정치적 경험을 했다. 동시에 이 책이 출간되는 이 시점에는 '데모스'가 그러한 '근대 국가'를 재구성하는 선거의 열기에 휩싸여 있다. 그런데 거의 5년을 주기로 한 아데미아-데모스의 정치화-아데미아의 반복은 지난 1987년 이후 계속 반복되어온 우리 정치의 기본 리듬처럼 보인다. 즉 광장에서의 '데모스'의 폭발이라는 반아감벤적(?) 열정과 '데모스'를 대변하는 대통령(리바이어던)의 불행한 몰락이라는 아감벤적(?) 냉정 사이를 롤러코스터처럼 왕복해오지 않았는가?

그러나 이번 '탄핵 사태'의 진정한 새로움은 이전까지 한국의 정치 과정을 해석해온 어떤 패러다임으로도 그것이 말끔하게 해석되지 않는 데서 찾을 수 있을지도 모르겠다. 예컨대 이번 '탄핵 사태'는 탄핵을 불러온 원인뿐만 아니라 탄핵 찬반 세력의 거리 정치도 '민주화'나 '민주주의의 미숙' 등의 패러다임으로는 더 이상 해석되지 않는 것이 사실 아닌가? 이번 '탄핵 사태'를 불러온 원인은 오히려 (칸트의 말을 약간 비틀자면) 공적 권력의 사적 사용, 이 책에서의 아감벤의 논의를 빌리자면 폴리스의 오이코스*oikos*로의 퇴각 속에서 찾을 수 있지 않을까? 또한 20세의 약관의 나이에 법에 입문한 자들이 제도를 합법적으로(?) 농단하는 '법꾸라지' 방식으로 오이코스를 폴리스에 강요한 데서 찾아야 하지 않을까? 물론 이번 '탄핵 사태'에 대한 하나의 해석 패러다임으로 일각에서는 '87년 체제의 한계'를 들기도 한다. 하지만 막상 '87년 체제'에 의해 만들어진 헌재가 이번 탄핵 사태의 '최종 심급'이지 않았는가? 그리고 '특검'과 '정치 검찰의 눈치'가 '데모스'의 운동과 절묘하게 맞물린 것 또한 ('법꾸라지'들과 다른) 우리 사회의 법치의 또 다른 모습이 아닐까? 오히려 소위 보수 세력은 헌재와 검찰까지 부정하며 '미국'에 나라의 구원을 구걸하는 '반국가 세력'으로 거리로 뛰쳐나오지 않았는가?

이처럼 앞의 모든 질문은 한국 사회의 새로운 이정표가 될 이번 '촛불 시위'에 대한 평면적이고 단면적인 평가를 거부한다. 이와 관련해 한국 사회의 '적폐'를 청산하자는 논의가 진행되고 있지만 이론과 관련해서도 (적폐까지는 아니더라도) 이번 '사태'가 기존의 이론적 관성과 사상적 타성을 타기할 것을 촉구하는 것은 분명해 보인다. 이와 관련해 아감벤의 이 책은 '호모 사케르' 시리즈 중 다른 어느 책보다도 우리에게 더 큰 도움이 될 것이다 (특히 2부에서 논의되는 '통일되지 않은 무리-인민-왕-해체된 무리'라는 원환은 이번의 탄핵 사태를 해석할 수 있는 좋은 출발점이 될 수 있을 것이다).

따라서 아감벤의 이 책이 출간되는 시점 또한 운명적이라는 생각이 든다. 만약 모든 사람이 각자에 고유한 운명의 성좌를 타고 난다면 책 또한 그러할 수 있을 것이다. 이 책은 '호모 사케르' 연작 중 마지막으로 출간되었기 때문에 기존의 논의에 비추어보아 다소 밋밋해 보일 수도 있었을 것이다. 특히 1부의 논의가 그럴 텐데, 한국에서는 지금 이 시점에 출간되는 바람에 오히려 맞춤한 의미를 갖게 되지 않나 하는 생각이 든다. 이유는 이렇다. 즉 그리스에서의 '내전' 문제를 단서로 현대 정치의 본질을 다루는 1부의 논의는 얼핏 기왕의 포함-배제, 주권권력 대 호모 사케르라는 아감벤 사유의 기본 틀에서의 논의를 '정치화'한 것처럼 보일 수도 있다. 하지만 오히려 이 1부는 인민-계약-민주주의라는 근대 정치의 패러다임이 아니라 오이코스-내전-폴리스를 축으로 정치를 다시 사유할 것을 촉구하는 글로도 읽을 수 있다.

우리는 이번 '탄핵 사태'를 통해 과연 어느 쪽이 정치적으로 더 풍부한 사유를 낳을 수 있는지를 금방 이해할 수 있을 것이다. 특히 오이코스와 폴리스를 양축으로 내전과 정치의 상관성을 근대 정치의 새로운 패러다임으로 제시하는 아감벤의 논의는 아무리 근대화와 민주화를 주장해도 도대체 '반#본건성'(아감벤의 용어를 빌리자면 오이코스적 성격)을 벗어던지지 못하는 한국 정치의 난맥상의 정곡을 찌르고 있지 않은가? 바로 '폴리스'의 핵심에서 '오이코스'의 그림자('황태자', '아들', '형님', '비선 실세' 또는 두 '딸', '언니')가 계속 어른거려온 한국 정치의 맹점을 말이다. 대통령과 가깝다는 것을 정치적 이상의 공유가 아니라 '누나라고 부른다'는 것을 통해 과시하거나 '부정한 돈은 한 푼도 받은 바 없으니 결백하다'는 주장은 그들의 정치적 사고가 '오이코스'의 심성으로 유아화되었음을 반증하지 않는가? 어쩌면 그들은 '국정國政을 농단'한 것이 아니라 '국정'이, 폴리스가 무엇인지를 아예 모르는 것이 아닐까? 그들이 무죄를 주장하는 황당한 논리들을 오이코스의 관점에서 보면 완벽하게 이해되는 것이 위와 같은 우리의 의심을 확증해준다. 게다가 진정한 문제는 아버지 대로부터 형성된 사적 '오이코스'적 멘탈리티가 대한민국이라는 공적 '폴리스'를 지난 4년 동안 '농단'해왔는데도 (세월호의 비극을 제외하면) 마치 아무 일도 없던 것처럼 4년의 시간이 흘러온 것이 아닐까?

오이코스-폴리스를 중심으로 한 아감벤의 정치철학적 논의는 '수신제가치국평천하'라는 동양의 전통적인 정치철학적 논리를 떠올리게 한다. 예컨대 박근혜는 아무리 진짜 '가족'을 지웠어도 결국 또 다른 가족과 '문고리'로 돌아간 것이 드러나지 않았는가? 사실 역자는 21세기 벽두에 벌어진 이번 '탄핵 사태'는 민주주의의 실패 운운보다는 조선 시대의 왕조적 비극을 통해 훨씬 더 잘 이해될 수 있다는 생각을 갖고 있다. 즉 서구의 아날학파 주장대로 제도의 혁명적 변화와는 달리 인간의 심성은 거의 바뀌지 않는다는 역설만큼 이번 사태를 잘 설명해주는 것도 없다고 생각한다('친박'과 '진박' 논쟁은 조선 시대의 예송 논쟁의 복사판이다). 이것은 우리가 지난 30년 동안 무조건적인 것으로 추앙해온 민주화와 민주주의가 그 자체로서 마술지팡이인 것이 아니라 운영 주체에 의해 얼마나 취약해질 수 있는지를 여실히 증언하고 있다.

아감벤의 이 책이 흥미로운 것은 우리의 현재의 정치적 상황과 무관하게 그 자체로 읽어도 무한한 정치철학적 상상력을 불러일으키는 데 있다(이 책에서의 아감벤의 홉스 해석이 서구의 정치철학에 가져온 혁신에 대해서는 굳이 상술할 필요가 없을 것이다). 이 책을 번역하면서 (특히 2부와 관련해) 아감벤의 논의를 (라캉의 말을 살짝 비틀자면) 혹시 '카프카와 함께 홉스'를 또는 '벤야민과 함께 홉스'를 이라는 말로 요약해 현대 정치에 관한 일종의 우화로 읽을 수는 없을까 하는 생각이 들었다. 앞의 말의 일종의 원조인 라캉은 그와 관련해 이렇게 말한다. "사드는 전복이 시작된 첫걸음이며, 당사자의 냉랭한 인간성에서 보자면 비꼬는 것처럼 들릴지도 모르겠지만 칸트는 전환점이다. 우리가 아는 한 지금까지 이렇게 생각된 적은 없었다." 이를 약간 비틀어 홉스와 카프카에 대해 이렇게 말해볼 수 있지 않을까? 즉 "코먼웰스라는 공동선의 담지자가 악마적 괴물인 '리바이어던'이라는 홉스의 주장은 정치에 대한 사유의 전복이 시작된 첫걸음이며, 정치라고는 생각해보지 않은 당사자로서는 황망하게 들릴지도 모르겠지만 카프카는 전환점이다. 우리가 아는 한 지금까지 이렇게 생각된 적은 없었다." 당연히 여기서 역자가 방점을 찍고 싶은 것은 "우리가 아는 한 지금까지 이렇게 생각된 적은 없었다"이다.

비록 약 한 달여에 불과하지만 온통 다시 정치가 만개한 계절이다. 이 책을 번역하면서 지금까지 근대 국가를 '카테콘적' 기능으로, 즉 일종의 필요악으로 이해해온 나의 생각이 과연 맞을까 하는 의문이 들었다. 오히려 한국의 근대 정치는 '적그리스도'가 아닌가 하는 생각을 해본다. 그리고 다소 엉뚱한 이야기지만 '적그리스도'라는 말에서 번역의 중요성을 느낀다. 즉 '적그리스도'가 '그리스도의 적'인 것은 그리스도에 노골적으로 맞서기 때문이 아니라 역설적으로 그리스도를 가장 닮았고, 직접 그리스도를 참칭하고 내세우기 때문이다("하느님의 성전에 자리 잡고 앉아서 자기 자신을 하느님이라고 주장할 것입니다"[「데살로니카인들에게 보낸 두 번째 편지」]). 즉 한국 정치는 실제로는 '적그리스도'인데도 교묘한 '대결' 정치를 통해 끊임없이 '적'을 양산하면서 모두를 (아리스토텔레스의 말을 빌자면) '훌륭한 삶'으로 이끄는 대신 유사-정치를 부단히 양산하고 소모하고 부패시키고 있는 것은 아닐까? 아마 이것이 이 책을 번역하면서 나의 생각이 가장 크게

바뀐 부분이라고 할 수 있을 것이다.

2017년 3월 20일 역자 識

서문

이 책에 실린 두 논문은 2001년 10월에 프린스턴대학교에서 내전을 주제로 가진 두 차례의 세미나의 원문의 일부 내용을 수정하고 보충한 것이다. 이 세미나에서 제출된 명제들 — 서구에서 내전은 정치화의 기본 문턱이며, '아데미아^{ademia}[즉 인민의 부재]'가 근대 국가의 기본 요소라는 명제 — 이 과연 어느 정도나 여전히 적용 가능한지 아니면 그와 반대로 우리 시대가 전 지구적 내전 상태로 진입하기 시작한 [역사적] 사태가 이제 근본적으로 의미를 바꾸고 있는지의 여부는 독자들이 결정한 문제이다.

1 스타시스

1

스타시스

1. 오늘날 내전 이론이 결여되어 있다는 데 대해서는 일반적으로 의견이 일치하고 있지만 그러한 부재가 법학자나 정치학자들에게 특히 문젯거리가 되거나 하지는 않는 것 같다. 이미 1980년대 초에 그러한 진단을 정식화한 쉬누르는 그럼에도 불구하고 내전에 대한 도외시는 전 지구적 내전의 등장과 나란히 출현했다고 덧붙이고 있다(Roman Schnur 1983, p. 121, p. 156). 그것은 30년도 더 전의 지적이지만 아직도 시사적 의미를 하나도 잃지 않았다. 오늘날에는 국가 간 전쟁과 국가 내부의 전쟁[내전]을 구분할 수 있는 가능성 자체가 사라진 것처럼 보이는데도 전문가들은 여전히 내전 이론에 대해 어떤 암시라도 할까봐 조심조

심하고 있다. 최근 국제적인 것으로 규정하는 것이 불가능한 전쟁이 급증한 덕분에 소위 '국내전internal war' 관련 출판물이 (무엇보다 먼저 미국에서) 크게 늘어난 것은 사실이다. 하지만 심지어는 그러한 경우들에서도 분석은 그러한 현상에 대한 해석보다는 — 점점 더 널리 확산된 관행에 맞추어 — 국제 개입이 가능해지는 조건 쪽을 향하고 있다. 오늘날 정치 행위뿐만 아니라 정치 이론 모두를 지배하고 있는 동의同意라는 패러다임은 적어도 서구 민주주의만큼이나 오래 된 앞의 현상에 대한 진지한 탐구와는 양립 불가능한 것처럼 보인다.

※ 오늘날 '전쟁학polemology' 뿐만 아니라 '평화학irenology'은 존재하지만 내전학stasisology은 존재하지 않는다. 우리는 이미, 쉬누르를 따라, 그러한 부재가 어떻게 전 지구적 내전의 등장과 관련될 수 있는지에 대해 언급한 바 있다. '전 지구적 내전'이라는 개념은 1969년에 아렌트의 저서 『혁명론On Revolution』(이 책에서 제2차세계대전은 "지구 전체가 관련된 일종의 내전"[아렌트 1963, 홍원표역, 한길사, p. 8]으로 규정되고 있다)과 슈미트의 『파르티잔론Theorie des Partisanen』에서 동시에 도입되었는데, 후자의 저서는 유럽 공법Jus publicum Europaeum에 따른 전쟁 — 이것은 전쟁과 평화, 군인과 민간인, 적과 범죄자의 분명한 구분 가능성을 전제한다 — 의 종언을 표시하는 형상을 탐구하고 있다. 그러한 종언을 특

정한 날짜까지 소급시키기를 원하건 그렇지 않건 오늘날 전통적인 의미의 전쟁 상태가 실제로 사라진 것은 분명하다. 심지어 여전히 국가 간 전쟁 같은 외양을 띤 최후의 분쟁이던 걸프전조차 전쟁 상태를 선포한 교전국 없이 전쟁이 치러졌다(이탈리아 같은 일부 국가에서 그것은 헌법 [11조] 위반일 것이다). 국제 분쟁으로 규정될 수 없지만 내전의 전통적인 특징 또한 결여한 전쟁 모델의 일반화는 일부 학자로 하여금 '비내전'이라는 말을 사용하도록 이끌었는데, 그것은 내전과 달리 정치 체제의 통제와 변형이 아니라 무질서의 최대화를 겨냥하는 것처럼 보인다(Snow 1996). 1990년대의 그와 같은 전쟁들에 대해 학자들이 보여준 관심은 궁극적으로 내전 이론이 아니라 경영 이론, 즉 국내 분쟁에 대한 관리, 조작, 국제화에 관한 이론으로 이어질 수 있었을 뿐이다.

2. 내전에 대한 관심이 결여된 이유 중의 하나는 아마 (적어도 1960년대 말까지는) 혁명 개념이 점점 더 인기를 끈 데서 찾을 수 있을 텐데, 이 개념이 종종 내전 개념을 대체했지만 그것과 완전히 일치하는 일은 결코 없었다. 『혁명론』에서 이 두 현상의 이질성이라는 명제를 아무런 주저함 없이 정식화한 것은 아렌트였다. 그녀는 이렇게 쓰고 있다.

혁명은 우리에게 '시작' 문제에 불가피하게 직접 대면케 하는 유일한 정치적 사건이다. …… 근대의 혁명들은 로마 역사의 정권 변동 *mutatio rerum* 또는 그리스의 폴리스를 혼란에 빠뜨린 내전*stasis*과 어떤 공통점도 갖고 있지 않다. 우리는 한 정부 형태에서 다른 정부 형태로의 유사 자연적 변혁 즉 플라톤의 변동*metabolia*을 혁명과 동일시할 수 없으며, 또는 항상 극단으로 치닫는 인간사 때문에 이를 제약하는 일정한 반복적 주기 즉 폴리비오스의 정치 순환*politteiōn anakykklōsis*을 혁명과 동일시할 수도 없다. 고대는 정치 변동과 그에 병행하는 폭력에 매우 친숙했지만 그중 어느 것도 완전히 새로운 것을 발현시키지는 않았다(Arendt 1963, pp. 85~86).

비록 혁명과 내전이라는 두 개념의 차이가 실제로는 순전히 명목상의 것일 수도 있지만 혁명 개념에 관심이 집중된 것(이런 저런 이유로 내전에 대한 연구보다 더 존중할 만했는데, 심지어 아렌트처럼 아무런 선입견도 없는 학자에게서도 마찬가지였다)이 내전 연구를 주변화하는 데 기여한 것은 분명하다.

3. 모종의 내전 이론을 제시하는 것이 본고의 목표는 아니다. 대신 나는 서구의 정치사상에서 이 이론이 나타나는 두 번의 역사적 순간으로 이 주제에 대한 검토를 국한할 생각인데, 고전시대의 그리스의 철학자들 및 역사학자들의 증언과 홉스의 사상이 그것이다. 이 두 가지 사례는 지금까지 우연인지 선택된 적이 없

다. 나는 이 두 가지 사례는 한편으로는 내전의 필연성을 단언하고 다른 한편으로는 내전의 배제의 필연성을 단언하는 하나의 동일한 정치적 패러다임의 두 측면을 나타내고 있다고 말하고 싶다. 이 두 측면이 하나의 동일한 패러다임을 대변하고 있다는 것은 이 두 가지 정반대 필연성이 서로 은밀한 연대관계를 맺고 있다는 것을 의미한다. 아래서 우리가 좀 더 정확하게 파악해보려고 하는 것이 그러한 관계이다.

고전시대의 그리스에서의 내전(또는 스타시스*stasis*) 문제에 대한 분석은 오직 로로^{Nicole Roraux}의 연구서들과 함께만 시작될 수 있다. 그녀는 일련의 논문과 논고를 이 주제에 할애한 바 있는데, 그것들은 1997년에 『분할된 폴리스*La Cité divisée*』라는 책으로 묶여 나왔다. — 그녀는 이 책에 대해 특히 나의 책*mon livre par excellence*이라고 말하곤 했다. 예술가들의 삶에서처럼 학자의 삶에도 신비가 존재한다. 예를 들어 나는 로로가 1986년의 로마 강연을 위해 쓴 「가족 내의 전쟁」 — 아마 스타시스[이 말은 본서에서 '내전'과 동의어로 쓰이고 있지만 특히 그리스를 배경으로 논의가 진행될 때는 '스타시스'라는 용어를 사용하기로 한다] 문제에 관한 그녀의 모든 연구 중 가장 중요할 것이다 — 을 이 저서에 포함시키지 않은 이유를 결코 나 자신에게 만족스럽게 설명할 수 없었다. 그녀가 앞의 저서가 출간된 것과 같은 해 내전*guerres civiles*을 특집으로 한 역사학 잡지 『클리오*Clio*』에 해당 논문을 싣기로 결정한 사실을 볼 때 그러한 상황은 한층 더 설명이 불가능해진다. 그녀는 이 논문에서 옹호하고 있는 명제가 독창성과 근본성이라는 측면에서 앞의 저서에서 제출되고 있는 이미 충분히 날카로운 명제보다 확실히 몇 발 더 나가고 있다는 것을 거의 확신하고 있는 것처럼 보일 정도이다. 어쨌든 나는 앞의 논문의 연구 결과들을 요약한 다음 그러한 결과들이 포함하는 — 포이어바흐의 말을 빌리자면 — 전개 가능성*Entwicklungsfähigkeit*을 찾아내려고 한다.

4. 다른 프랑스 연구자들 — 여기서 적어도 두 고전적 연구자인 글로츠Gustave Glotz와 쿨랑주Fustel de Coulanges 그리고 이 두 사람에 이어 베르낭Jean-Pierre Vernant을 언급하도록 하자 — 도 로로에 앞서 그리스의 폴리스에서의 스타시스의 중요성을 강조한 바 있다. 로로의 접근법의 새로움은 그녀가 이 문제를 즉각 이 문제에 고유한 자리에, 즉 오이코스*oikos*와 폴리스 사이의 관계에 위치시키는 데 있다. 그녀는 이렇게 쓴다. "이 일은 세 가지 용어, 즉 스타시스, 폴리스, 오이코스라는 세 가지 용어 사이에서 펼쳐진다"(Loraux 1997, p. 38). 그런 식으로 스타시스의 장소를 정한다는 것은 오이코스와 폴리스 사이의 관계의 전통적 지형학을 처음부터 다시 그린다는 것을 함축한다. 지배적인 패러다임의 주장과 반대로 여기서 쟁점이 되는 것은 폴리스 속에서의 오이코

스의 극복, 공적인 것 속에서의 사적인 것의 극복, 일반성 속에서의 특수성의 극복이 아니라 보다 모호하고 복합적인 관계로, 우리가 파악하려는 것이 바로 그러한 관계이다.

로로는 스타시스의 양의성이 잘 드러나고 있는 플라톤의 『메넥세노스^{Menexenus}』의 한 구절에서 논의를 시작한다. 기원전 404년에 아테네 시민을 양분시킨 스타시스에 대해 묘사하면서 플라톤은 아이러니하게 이렇게 쓰고 있다.

> 우리에게서는 내전이 발발했는데$^{ho\ oikeios\ hēmin\ plemos}$, 이런 식으로 무난하게 치러졌습니다. 즉 만일 사람들에게 내홍[내전]이 숙명적일 수밖에 없다면 아무도 자기 나라가 우리나라와 다르게 홍역을 치르기를 바라지 않을 정도로 치러졌던 것입니다. 즉 페이라이에우스 쪽 시민들과 우리 쪽 시민들이 기꺼이 그리고 친밀하게 서로 어울려 합쳐졌습니다$^{hōs\ asmenōs\ kai\ oikeiōs\ allēlois\ symmeignymi}$(『메넥세노스』, 이정호역, 243e-244a).

플라톤이 사용하는 동사(*symmeignymi*)는 '섞이다'와 동시에 '한 판 싸움을 벌이다', '다투다'를 의미할 뿐만 아니라 *oikeios polemos*라는 표현 자체가 그리스인들 귀에는 모순어법이다. *polemos*가 외적 분쟁을, 플라톤이 후일 『국가·정체』(470c)에서 기록하게 되듯이 "이민족이고 남$^{allotrion\ kai\ otheion}$"을 가리키는 반면 "친족이고 동족*oikeios kai syggenēs*"에 적합한 용어는 스타시스이기 때문이다. 위 구절에 대해 로로가 제시하는 독법에 따르면 플라톤은 "아테네인들은 오직 가족의 축하 속에서 다시 더 잘 뭉치기 위해서만 국내 전쟁*oikeios polemos*을 벌였다"(Loraux 1997, 22)고 말하는 것처럼 보인다. 오이코스는 분할과 스타시스의 원천인 동시에 화해의 패러다임이었다(플라톤은 이렇게 쓰게 된다. "그리스인들은 화해하게 될 사람들로서 불화하게 된다"[『국가·정체』, 471a]).

5. 따라서 로로에 따르면 스타시스의 양의성은 오이코스의 양의성 탓인데, 이 두 말은 동일한 실체를 공유하고 있다. 내전은 혈족 내의 스타시스*stasis emphylos*이다. 그것은 *phylon*, 혈족에 고유한 분쟁이다. 그것은 *ta emphylia*(말 그대로 하자면 "혈족 내의 일")라는 어구가 그저 '내전'을 의미할 정도로 오이코스와 긴밀하게 연관되어 있다. 로로에 따르면 오이코스라는 개념은 "(자체로 폐쇄된 영역 속에 존재하는 것으로 간주되는) 하나의 혈족으로 이해되는 폴리스가 자기 자신과 유지하고 있는 혈족적 관계"를 가리켰다(Loraux 1997, p. 292). 동시에 스타시스의 기원에 놓여 있는 것이 오이코스이기 때문에 스타시스에 대한 해결책을 포함하고 있는 것 또한 오이코스이다. 예를 들어 베르낭은 가문 간의 전쟁은 종종 여성의 교환을 통해, 즉 적대적인 혈족 간의 혼인을 통해 해결되었다고 지적한다. "그리스인들 눈으로 볼 때 사회적

관계들의 망 속에서든 아니면 세계의 구성에서든 불화의 힘들을 합일의 힘들로부터 분리시키는 것은 가능하지 않았다"(Vernant 1988, p. 31).

심지어 비극에서조차 우리는 내전과 오이코스 사이의 내밀한 관계, 그리고 혈족 내의 아레스*Ares emphylios* — 오이코스 안에 거주하는 전쟁의 신 — 가 폴리스에 가하는 위협에 대한 증언을 찾아볼 수 있다(『에우메니데스』, 862-863). 로로에 따르면 『오레스테이아』는 아트리디 가문에서 살인이 연쇄적으로 오랫동안 저질러져온 사실을 환기하는 동시에 아레오파고스에 법정을 세워 가족 간 학살을 종결시킴으로써 그것을 극복한 일을 기리기 위한 작품이다. "폴리스의 질서가 오이코스를 자신 안에 통합시켰다. 이것은 폴리스의 질서가 제2의 본성 같은 혈연 속에 내재하는 불화에 의해 항상 잠재적으로 위협받고, 동시에 항상 이미 그것을 극복해오게 된 결과를 가져왔다"(Loraux 1997, p. 39).

내전이 오이코스에 내재적인 것 — 즉 *oikeios polemos*, 오이코스 내의 전쟁 — 인 한, 그것은 같은 정도로 — 이것이 여기서 로로가 제시하고 싶은 명제처럼 보이는데 — 폴리스에도 내재적이었다. 즉 그리스인들의 정치 생활의 핵심적 구성요소였다.

6. 로로는 앞의 논문을 끝마치면서 시칠리아에 있던 나코네라는 그리스의 소도시 사례를 분석한다. 그곳에서는 기원전 3세기

에 시민들이 스타시스 이후 매우 주목할 만한 방식의 화해를 조직하기로 결정했다. 즉 시민들의 이름을 제비로 뽑은 뒤 5명을 한 조로 나누었는데, 그런 식으로 그들은 '추첨에 의한 형제들 *adelphoi hairetoi*'이 되었다. 혈연에 의한 자연적 오이코스는 무효화되었지만 그러한 무효화는 동시에 특히 친족 관계의 상징, 즉 형제성에 의해 이루어졌다. 즉 시민의 불화의 기원인 오이코스는 인위적 형제성을 만들어냄으로써 폴리스로부터 배제되었다. 우리에게 그러한 정보를 전해준 비문은 이처럼 새로운 형제들은 그들 사이에 아무런 친족 관계도 맺지 않았다는 것을 적시하고 있다. 순수한 정치적 형제성이 피에 의한 형제성을 제거했으며, 이런 식으로 폴리스를 혈족 내의 스타시스 *stasis polemos* 로부터 해방시켰다. 하지만 동일한 제스처로 폴리스 수준에서 친족 관계를 재수립했다. 즉 폴리스를 새로운 종류의 오이코스로 만들었다. 플라톤이 심지어 그의 이상 국가에서는 일단 여성과 부의 공유제를 통해 혈연에 의한 자연적 오이코스가 제거되면 각각의 인간은 다른 사람을 "형제나 누이로 또는 어머니나 아버지로, 아들이나 딸로"(『국가·정체』, 463c) 생각할 것이라고 암시하면서 사용한 것이 바로 이러한 종류의 '오이코스' 패러다임이었다.

여기서 오이코스 — 그리고 이 오이코스의 본성에 내재적인 스타시스 — 의 양의적 기능이 다시 한 번 확증되고 있다. 그리고 이 지점에서 로로는 이중적 요청으로 분석을 끝맺을 수 있게 된다.

스타시스/오이코스/폴리스 …… 이 세 개념은 어떤 형태의 연속적 발전 과정보다는 반복과 중첩이 우위를 차지하는 역선力線에 따라 상호 연결된다. 그리하여 모순과 양의성이 나타나는데, 우리는 여러 차례 그것에 부딪친 바 있다. 친족관계의 역사가는 여기서 오이코스는 폴리스에 의해 불가피하게 극복된다는 상투적인 이야기를 재검토할 수 있는 기회를 발견할 수 있을 것이다. 정치사가의 경우 스타시스가 폴리스 내부로 통합되어야 하는 만큼 폴리스라는 그리스적 개념은 그리 명확한 것이 아닐 수도 있다는 확신을 강화할 수도 있을 것이다. 왜냐하면 이제부터 국내 분쟁은 외부에서 들어왔다기보다는 ― 아마 그렇게 생각하는 것이 편리하겠지만 말이다 ― 혈족 *phylon* 내부에서 출현한 것으로 간주되어야 하기 때문이다. …… 우리는 그리스인들과 함께 오이코스 내의 전쟁을 사유하려고 시도해야 한다. 폴리스를 혈족으로 간주해보자. 그러면 스타시스는 혈족의 검전기檢電器라는 결론이 나온다. 폴리스를 오이코스라고 간주해보자. 그러면 오이코스 내의 전쟁*oikeios plemos*의 지평에는 화해의 축제가 떠오를 것이다. 그리고 마지막으로 이 두 조작 사이에 긴장은 해소될 수 없다는 것을 인정하자(Loraux 1997, pp. 61~62).

7. 로로의 연구 성과를 명제 형태로 요약해보자.

1) 먼저 스타시스는, 그리스 정치는 오이코스를 폴리스 속에서 결정적으로 극복했다는 상투적 생각을 의문에 붙인다.
  2) 본질적으로 스타시스 또는 내전은 외부가 아니라 오이코스에서 유래하는 '오이코스 내의 전쟁'이다. 정확히 오이코스의 본성에 내재적인 한 스타시스는 오이코스의 검전기로 기능한다. 그러한 전쟁이 폴리스 내에 지속적으로 현존한다는 것을 증명한다.
  3) 오이코스는 본질적으로 양의적이다. 한편으로 그것은 분할과 분쟁의 요인이다. 다른 한편으로는 그것이 분할해온 것의 화해를 가능하게 해주는 패러다임이다.

 이상의 요약적 해설에서 폴리스 내에서의 오이코스와 혈족 *phylon*의 현존과 기능은 포괄적으로 검토되고 어느 정도 규정되어 있는 반면 연구 대상인 스타시스의 역할은 어둠 속에 남아 있다는 것이 즉각 명백해진다. 스타시스는 단지 오이코스의 '검전기 역할'만 할 뿐이다. 다시 말해 내전이 유래하는 요소 중의 하나로 축소된 채 스타시스가 폴리스 내에 현존한다는 것을 입증할 뿐 스타시스에 대한 분명한 규정은 끝내 이루어지고 있지 않다. 따라서 로로의 명제들을 그러한 방향에서 좀 더 자세히 살펴봄으로써 이처럼 말해지지 않은 것을 조명해보기로 하자.

 8. 앞의 첫 번째 명제와 관련해서는 나의 최근의 연구가 서구 정치의 토대에 놓인 오이코스와 폴리스, 그리고 조에와 비오스

의 관계를 근본적으로 재사유할 필요가 있다는 것을 의문의 여지없이 보여주었다고 생각한다. 고전시대의 그리스에서 단순한 자연적 생명인 조에는 폴리스로부터 배제되었으며, 오이코스의 영역 내에 국한되어 있었다. 예를 들어 아리스토텔레스는 『정치학』의 서두에서 한편으로는 가업을 이끄는 사람 oikonomos과 가장 despotēs — 이들은 생명의 재생산 및 보존과 관련되어 있다 — 을 정치가와 꼼꼼하게 구분하고 있다. 그리고 후자를 전자와 분리하는 차이는 질적인 것이라기보다는 양적인 것이라고 주장하는 사람들을 신랄하게 비판한다. 이어 서구의 정치 전통에서 정전적인 것이 될 한 구절에서 폴리스의 목적을 완벽한 공동체로 정의할 때 바로 살아 있다는 단순한 사실 to zēn과 정치적으로 규정된 삶 to eu zēn을 구분함으로써 그렇게 하고 있다.

그럼에도 '삶'과 '훌륭한 삶' 사이의 그러한 대립 속에서는 동시에 첫 번째 것이 두 번째 속에, 오이코스가 폴리스 속에, 조에가 정치적 삶 속에 연루되어 있다. 『호모 사케르: 주권 권력과 벌거벗은 생명』의 목표 중의 하나는 바로 자연적 생명이 정치에서 그렇게 배제되는 — 동시에 포함되는 — 원인들 그리고 그에 따른 결과들을 좀 더 자세히 분석하는 것이었다. 한편으로 조에와 오이코스 사이에, 다른 한편으로 폴리스와 정치적 비오스 사이에 어떤 관계를 상정해야 할까? 만약 배제를 통해 전자가 후자에 포함되어야 한다면 말이다. 이러한 관점에서 볼 때 나의 탐구는 "오이코스를 폴리스 속에서 결정적으로 극복했다는 상투적인 생각"을 의문에 부치라는 로로의 요청과 완벽하게 일치한다. 여기서 중요한 것은 극복이 아니라 외부성을 포획하고 내부성을 배척하려는 복잡하고도 미완인 시도이다. 하지만 그러한 맥락에서 내전의 장소와 기능을 어떻게 이해해야 할까?

9. 이에 비추어 볼 때 우리가 로로의 연구를 요약한 두 번째 명제와 세 번째 명제는 보다 문제적인 것처럼 보인다. 이 두 명제에 따르면 스타시스의 본래의 장소는 오이코스이다. 스타시스는 "오이코스 내의 전쟁*oikeios polemos*"이다. 그리고 오이코스(그리고 이와 동일한 본성을 가진 스타시스)는 본질적으로 양의적인데, 그것은 폴리스의 파괴를 초래하는 원인인 동시에 폴리스의 통일을 재구성하기 위한 패러다임이기도 하다. 이러한 양의성을 어떻게 설명할 수 있을까? 만약 오이코스가 자체 내에 불화와 스타시스를 포함하고 있는 한 정치적 해체의 요소라면 어떻게 화해의 모델로 나타날 수 있을까? 그리고 오이코스는 왜 내부에 분쟁을 불가피하게 포함하고 있을까? 왜 스타시스는 정치적 비법*arcana*이 아니라 가족과 피의 비밀이 될까? 스타시스는 오이코스 내부에 위치하고 거기서 생성된다는 주장 — 로로의 가설들은 이것을 당연시하는 것 같다 — 이 과연 정확한지를 확인해 정정할 필요가 있을 것이다.

스타시스(동사 *istēmi*[서다]에서 유래했다)는 어근으로 보면 일어서는 행동, 똑바로 꿋꿋이 서 있는 행동을 가리킨다(*stasimos*는 비극에서 합창단이 가만히 노래를 멈춘 다음 말하는 시점을 말한다, *stas*는 서서 맹세하는 사람을 가리킨다). 스타시스는 어디에 서 있을까? 스타시스에 고유한 자리는 어디일까? 이러한 질문들에 대답하려면 로로가 오이코스 내에서의 내전의 위치 문제와 관련된 명제들을 증명하기 위해 분석하는 몇몇 텍스트를 재검토해 그것들이 실제로는 혹시 다른 독법을 허용하는지를 확인하는 일이 필요할 것이다.

무엇보다 먼저 플라톤의 『법률』(9권 869c-d)에서 인용한 구절을 살펴보자.

> 내란*stasis* 중에 일어난 싸움으로 또는 이런 식으로 형제가 형제*adelphos*를 죽이게 될 경우 …… 마치 적*polemios*을 살해한 자처럼 결백한 걸*katharos*로 합시다. 시민이 시민을 또는 외국인이 외국인을 살해한 경우에도 이는 마찬가지입니다[박종현 역주].

이 구절에 대해 주해하면서 로로는 다시 한 번 스타시스와 오이코스 사이의 긴밀한 관계에 대한 증언을 찾아내고 있다.

> 시민적 증오가 맹위를 떨칠 때 가장 먼저 살해되는 것은 가장 가까

운 친족이다. …… 스타시스가 분할을 통해 해체하는 것은 직계가족이다. 폴리스가 진짜 가족이 되고, 가족은 폴리스의 은유가 되는 셈이다(Loraux 1997, p. 44).

하지만 플라톤의 이 대화편의 아테네인이 제안하는 법률에서 도출되는 것은 스타시스와 오이코스의 연관이라기보다는 내전은 형제와 적을, 내부와 외부를, 오이코스와 폴리스를 동화시켜 구별 불가능하게 만든다는 인식이다. 스타시스에서 가장 가까운 사람의 살해와 가장 낯선 사람의 살해 사이의 구별은 사라진다. 하지만 그것은 스타시스가 오이코스 내부에 위치하는 것이 아니라 오이코스와 폴리스, 피에 의한 혈족 관계와 시민성 사이의 비식별역非識別域을 구성한다는 것을 의미한다.

투키디데스에서 인용한 또 다른 구절(로로는 각주에서 인용한다)이 오이코스와 폴리스 사이의 경계에서 스타시스가 처한 이처럼 새로운 상황을 확인해준다. 투키디데스는 기원전 425년에 코르시라에서 일어난 유혈적 내전과 관련해 스타시스가 어찌나 끔찍한 잔혹함에 이르렀는지 "친족 관계에 의한 유대*to syggenēs*가 당파적 유대*tou etairikou*보다 더 낯선 것이 될 정도"(『전쟁사』, 3, 82, 6)였다고 기록하고 있다. 로로는 그와 동일한 생각을 표현하기에는 그와 정반대의 정식화 ― "당파적 유대가 친족 관계에 의한 유대보다 더 긴밀한 것이 될 정도" ― 가 보다 자연스러웠을 것이라고 지적한다(Loraux 1997, p. 35, 주 45). 하지만 여기서도 역시 다시 한 번 결정적인 것은 스타시스는 이중적인 위치바꿈*轉位*을 통해 오이코스에 속한 것을 폴리스에 고유한 것과, 친밀한 것을 낯선 것과 뒤섞는다는 것이다. 오이코스적 연대가 파괴되어 당파로 외부화되는 것만큼이나 정치적 결사가 오이코스의 내부로 옮겨가는 것이다.

나코네 시민들이 고안해낸 특이한 장치를 이와 동일한 의미로 해석할 수 있을 것이다. 여기서도 또한 스타시스의 효과는 오이코스와 폴리스를 식별 불가능하게 만드는 데 있다. 친족관계는 시민성으로 해체되는 반면 정치적 유대는 '추첨에 의한 형제들'을 통해 친족관계라는 전혀 어울리지 않는 형식을 취하는 것이다.

10. 이제 '스타시스는 어디에 서 있을까? 스타시스에 고유한 자리는 어디일까?'라는 질문에 대한 대답을 시도해볼 수 있을 것이다. 스타시스는 오이코스 안에도 또 폴리스 안에도, 즉 가족 안에도 또 도시국가 안에도 위치하지 않는다는 것이 우리의 가설이다. 오히려 그것은 오이코스라는 비정치적 공간과 폴리스라는 정치적 공간 사이의 비식별역을 구성한다. 그러한 문턱을 넘으면 오이코스는 정치화되며 폴리스는 '오이코노미아화*economizzare*된다.' 즉 오이코스로 축소된다. 이것은 그리스의 정치 체제

에서 내전은 정치화와 탈정치화의 문턱으로 기능하며, 그것을 통해 오이코스는 폴리스 속에서 초월되고 폴리스는 오이코스 내에서 탈정치화된다는 것을 의미한다.

그리스 법의 전통 속에는 내전을 우리가 이제 막 제안한 대로 정치화/탈정치화의 문턱으로 위치지을 수 있다는 것을 아무런 의문의 여지도 없이 확인해주는 것처럼 보이는 특이한 문헌이 존재한다. 비록 플루타르코스, 아울루스 겔리우스와 키케로뿐만 아니라 — 특별히 정확하게 — 아리스토텔레스(『아테네 헌정』, 8. 5)에 의해서도 언급되지만 이 문헌이 함축하는 스타시스에 대한 가치평가가 근대의 정치사가들에게는 너무나 당혹스러워 종종 방치되곤 했다(심지어 로로조차 이것을 저서에서는 인용하지만 논문에서는 언급하지 않는다). 문제의 문헌은 솔론의 법으로, 이 법은 내전을 벌이는 두 당파 중의 어느 한쪽을 위해 싸우지 않는 시민은 아티미아^{atimia} — 즉 시민권 상실 — 로 처벌했다. 아리스토텔레스는 이를 이렇게 직설적으로 표현하고 있다.

> 폴리스가 내전 상태$^{stasiazousēs\ tēs\ poleōs}$에 있을 때 두 당파 중의 어느 한쪽을 위해서도 무기를 들지 않은 자$^{thētai\ ta\ opla}$[말 그대로 '방패를 대지 않은 자']는 누구나 오명을 뒤집어쓸 것이며$^{atimon\ einai}$, 정치에서 배제될 것이다$^{tēs\ poleōs\ mpoleōs\ mē\ metēchein}$.

(키케로는 오명을 뒤집어쓰는 것$^{atimon\ einai}$을 최고의 제재를 받는 것^{cap}$^{ite\ sanxit}$ —『아티쿠스에게 보낸 편지$^{Epist.\ ad\ Att}$』, X, 1, 2 — 으로 번역함으로써 그리스의 아티미아에 상응하는 시민권 상실$^{capitis\ diminutio}$을 정확하게 환기시키고 있다).

내전에서 두 당파 중의 어느 한쪽도 편들지 않는다는 것은 폴리스로부터 추방되어 오이코스로 활동이 국한되고, 시민권을 상실하고 사적이라는 비정치적 조건으로 내쫓기는 것과 같았다. 분명히 그것은 그리스인들이 스타시스를 선으로 간주했다는 의미가 아니다. 그럼에도 극단적인 조건에서 스타시스는 정치적 요소를 드러내는 시약으로, 즉 어떤 존재가 정치적인가 비정치적인가를 그 자체로 규정하는 정치화의 문턱으로 기능했다.

11. 마이어$^{Christian\ Maier}$는 기원전 5세기의 그리스에서 입헌적 개념성^{Verfassungsbegrifflichkeit}의 변형이 어떻게 일어났는지를 보여주는데, 그것이 그가 시민의 '정치화^{Politisierung}'라고 부르는 것을 통해 완성되었다. 이전에 사회적 소속이란 주로 다양한 종류의 개인적 조건과 지위(귀족, 숭배 집단의 성원, 농부와 장인, 가장, 친족들, 도시 주민과 농촌 주민, 주인과 하인)에 의해 규정되었으며 시민권 — 여기에는 특정한 의무와 권리가 따랐다 — 에 의해 규정되는 일은 어디까지나 부차적인 일로 그쳤지만 이제는 시민권 자체가 사회적 정체성을 나누는 정치적 판단 기준이 되었다. 그

는 이렇게 쓰고 있다.

> 그리하여 시민권을 정치적 정체성으로 간주하는 그리스 고유의 정체성이 생겨났다. 시민은 '시민답게*bürgherlich*', 즉 (그리스적 의미에서) '정치적으로' 행동할 것으로 기대되었으며, 이제 그러한 기대에 제도적 형태가 주어졌다. 그러한 정치적 정체성은 종교, 공동의 경제적 이익, 작업장에서의 개인의 위치 등에 기반한 집단적 충성과의 어떤 특기할 만한 경쟁에도 노출되지 않았다. …… 그리스 민주제에서 정치적 삶에 헌신한 광범위한 층의 시민은 주로 그렇게 함으로써 폴리스의 행정에 참여하는 것으로 생각했다. 폴리스는 본질적으로 질서와 정의에 대한 그들의 이해관심에 기반해 있었는데, 그것이 그들의 연대의 기반을 형성하고 있었다. …… 그러한 의미에서 폴리스와 폴리스의 주민*politai*은 계속 상호 작용할 수 있었다. …… 그렇게 함으로써 상당히 많은 수의 시민에게 정치는 강렬한 이해관심사가 되어 많은 삶의 내용*Lebensinhal*으로 확대되어 갔다. …… 시민들이 함께 시민들로 행동하는 폴리스는 집과 분명하게 영역이 나뉘고, 정치는 '필연의 왕국*anankaia*'으로부터 확연하게 분리되었다(Meier 1979/1990, p. 204/165~166).

마이어에 따르면 이러한 시민의 정치화 과정은 그리스에만 독특한 것으로, 다양한 종류의 변형과 왜곡을 거쳐 그리스에서 서구 정치로 전달되었다. 우리가 여기서 관심을 갖고 있는 관점에서 보자면, 마이어가 말하는 정치화는 오이코스와 폴리스 사이의 긴장의 장 속에 위치하며, 그러한 긴장은 양극에서 대립하고 있는 정치화와 탈정치화 과정에 의해 규정된다는 점을 분명히 해 둘 필요가 있다. 그러한 긴장의 장에서 스타시스는 가정에 속하는 것이 시민성 속으로 정치화되며, 역으로 시민성이 오이코스의 연대로 탈정치화되어 들어가는 문턱을 구성한다. 앞서 살펴본 대로 양극에서 동시에 일어나기 때문에 그러한 긴장이 서로를 향해 변형되고 역전되며, 결합되고 분리되는 문턱이 결정적이게 된다.

א 마이어는 정치적이라는 것은 "결합과 분리의 강도"라는 슈미트적 정의를 대체로 받아들인다. 하지만 그는 그러한 정의는 정치적인 것의 본질보다는 정치적 통일과 관련되어 있다고 강조한다. 그러한 의미에서 슈미트가 명확히 하고 있듯이

> 정치적 통일은 …… 최강도의 통일을 보여주며, 따라서 그로부터 가장 강도 높은 구별, 즉 친구와 적이라는 구분이 결정된다. 정치적 통일이 최고의 통일이다. …… 왜냐하면 그것은 결정하고, 자기 내부에서 그와 반대되는 모든 구분이 극단적 적대성에 이를 정도로(즉 내전에 이를 정도로) 해체되는 것을 막을 수 있기 때문이다

(슈미트 2000, p. 307).

실제로 만약 상호 대립적인 하나의 개념 쌍이 어떤 장을 규정한다면 그것의 현실성을 훼손하지 않고는 둘 중 어느 것도 그러한 장으로부터 완전히 배제할 수 없다. 따라서 극단적 적대성에 이른 해체로서의 내전은 심지어 슈미트적 관점에서 보더라도 서구 정치 체제의 확고한 구성요소이다.

12. 그리스의 또 다른 제도 — 로로는 앞의 논문에서는 이에 대해 언급하지 않지만 『분할된 폴리스』의 중요한 한 장(6장)을 이 제도의 내용에 할애하고 있다 — 가 스타시스와 정치 사이의 이처럼 본질적인 연관성을 확인해준다. 사면이 그것이다. 30인 과두 체제의 패배로 끝난 아테네에서의 내전 후인 기원전 403년에 승자가 된 민주파는 아르키노스의 영도 아래 "어떤 경우든 과거의 사건을 상기하지 않겠노라*on de parelēlythotōn mēdeni pros mēdena mnēsikakein*"(『아테네 헌정』, 39, 6)고, 즉 내전 중에 저질러진 범죄는 재판으로 처벌하지 않겠노라고 엄숙하게 맹세했다. 아리스토텔레스(『아테네 헌정』, 40, 2)는 그러한 결정 — 그것은 사면의 고안과 동시에 이루어졌다 — 에 대해 주해하면서 그런 식으로 민주파 지지자들은 "과거의 재앙들에 대해 …… 극히 정치인다운 방식으로*politikōtata …… chrēsasthai* 행동했다"고 쓰고 있다. 말하자면

스타시스와 관련된 사면은 정치에 가장 잘 어울리는 조치라는 것이다. 따라서 법적 관점에서 볼 때 스타시스는 두 가지 금지에 의해 규정되었던 것처럼 보이는데, 이 둘은 완벽하게 서로 일관되어 있다. 즉 한편으로 스타시스에 가담하지 않는 것은 정치적으로 말하자면 유죄였으며, 다른 한편으로 일단 스타시스가 끝났다면 그것을 잊는 것이 정치적 의무라는 것이다.

사면을 맹세하는 *mē mnēsikakein*이라는 정식은 통상 '상기하지 않는다' 또는 심지어 '원한을 갖지 않는다', '나쁜 기억을 갖지 않는다'로 번역된다(로로는 이를 *je ne rappellerai pas les malheurs*[불행을 상기하지 않겠다]라고 번역한다[Loraux 1997/2001, p. 147/149]). 따라서 *mnēsikakos*라는 형용사는 '원망하는, 원한에 차 있는'을 의미하며, 나쁜 기억을 품고 있는 사람을 가리킨다. 하지만 *mnēsikakein*라는 동사에 대해서도 똑같은 이야기를 할 수 있는지는 의문스럽다. 그리스에서 이런 유형의 복합 동사의 형성을 규정하는 규칙에서 보통 뒷부분은 능동태이다. 따라서 *mnēsikakein*는 '나쁜 기억을 갖다'보다는 '기억으로 해를 끼치다, 기억을 악용하다'를 의미한다. 이 경우 그것은 스타시스 동안 저질러진 범죄를 갖고 어떤 사람을 법에 의해 소추한다는 것을 의미하는 법률적 용어였다. 아테네의 *Amnēstia*는 단지 잊는 것이나 과거의 억압이 아니었다. 그것은 기억을 악용하지 말라는 권유였다. 비정치적인 것(오이코스)이 정치적인 것이 되는 것과 정치적인 것(폴리스)이 비정치적인 것이 되는 것을 표시하는 폴리스에 내재적인 정치적 패러다임을 구성하는 한 스타시스는 잊혀지거나 억압될 수 있는 성질의 것이 아니었다. 그것은 망각될 수 없는 것으로 폴리스에서 항상 가능성으로 머물러야 하며, 소송과 원한을 통해 상기되어서는 안 되는 것이었다. 즉 내전이 현대에 의미하는 것처럼 보이는 것과는 정반대 것이어야 했다. 즉 현대에 내전이란 어떤 대가를 치르더라도 불가능하게 만들어야 할 것이지만 소송과 법적 처벌을 통해 항상 상기되어야 하는 어떤 것이다.

13. 우리의 분석에서 몇 가지 잠정적 결론을 끌어내보자.
1) 스타시스는 오이코스에서 유래하지 않는다. '그것은 오이코스 내의 전쟁'이 아니며, 예외상태에서와 유사한 방식으로 기능하는 장치의 일부를 구성한다. 예외상태에서처럼 단순한 삶인 조에는 배제됨으로써 법적·정치적 질서에 포함되며, 그와 유사하게 오이코스도 정치화되어 스타시스를 통해 폴리스에 포함된다.
2) 오이코스와 폴리스 사이의 관계에서 중요한 것은 정치적인 것과 비정치적인 것, 외부와 내부가 겹쳐지는 비식별역의 구성이다. 따라서 우리는 정치를 오이코스와 폴리스를 양극으로 하는 힘들의 장으로 파악해야 한다. 이 둘 사이에서 내전은, 비

정치적인 것이 정치화되고 정치적인 것이 '오이코노미아화되는' 문턱을 표시한다.

이것은 고전시대의 그리스에는 오늘날처럼 정치적 '실체' 같은 것이 존재하지 않았다는 것을 의미한다. 정치는 정치화와 탈정치화, 오이코스와 폴리스가 형성하는 긴장의 흐름들에 의해 부단히 횡단되는 장이었다. 상호 분리되어 있지만 깊은 곳에서는 상호 연결되어 있는 이처럼 대립적인 양극 사이에서 그러한 긴장은, 로로의 진단을 살짝 바꾸어 말하자면, 해소될 수 없다. 오이코스를 향한 긴장이 우위를 점하고 폴리스는 (비록 특수한 종류이긴 하지만) 오이코스로 변형되기를 바라는 것처럼 보일 때 스타시스는 오이코스적 관계들이 재정치화되는 문턱으로 기능한다. 반대로 폴리스를 향한 긴장이 우위를 점하고 오이코스적 유대는 약화되는 것처럼 보이는 경우 오이코스적 관계들을 정치적 용어로 재약호화하기 위해 스타시스가 개입한다.

$$\text{오이코스} \xrightarrow{\quad} |\text{스타시스}| \xleftarrow[\text{탈정치화}]{\text{정치화}} \text{폴리스}$$

고전시대의 그리스는 아마 그러한 긴장이 한동안이나마 불확실하고 불안 불안한 균형을 찾아낸 장소일 것이다. 이후의 서양의 정치사에서는 폴리스를 혈연관계나 단순한 오이코노미아적 조작에 의해 지배되는 가족이나 오이코스로 변형시킴으로써 탈정치화하려는 경향이 그와 정반대로 비정치적인 것이 동원되어 정치화되어야 하는 단계들과 상호 번갈아가며 나타나게 된다. 이 두 경향 중 어느 쪽이 우위를 차지하느냐에 따라 내전의 역할과 상황 그리고 형태 또한 바뀌었다. 하지만 '오이코스'와 '폴리스', '사적'과 '공적', '경제'와 '정치'라는 단어들이 아무리 미약하나마 의미를 유지하는 한 내전이 서구의 정치 무대에서 제거되는 것은 불가능할 것이다.

ℵ 오늘날 세계사에서 내전이 취하게 된 형태는 테러리즘이다. 만약 근대 정치는 생명정치라는 푸코적 진단이 맞는다면 그리고 만약 그러한 정치를 오이코노미아적·신학적 패러다임까지 소급해서 추적하는 계보학이 마찬가지로 맞는다면 전 지구적 테러리즘은 생명 자체가 정치의 쟁점이 될 때 내전이 취하게 될 형태가 될 것이다. 다름 아니라 폴리스가 사람들에게 신뢰감을 주는 오이코스라는 형태 — '유럽 공통의 집' 또는 세계는 글로벌 경제가 경영되는 절대적 공간이라는 생각 — 를 취할 때 더 이상 오이코스와 폴리스 사이의 문턱에 위치할 수 없는 스타시스는 모든 분쟁의 패러다임이 되어 테러 형태로 재출현한다. 테러리즘은 어떤 때는 지구의 이런 지역을, 다른 때는 다른 지역을 덮

치는 '전 지구적 내전'이다. 생명 자체 — 국민(즉 출생) — 가 주권의 원리가 되는 순간에 '테러'가 등장하는 것은 우연이 아니다. 생명이 그 자체로 정치화될 수 있는 유일한 형태가 이 생명이 죽음에 무조건적으로 노출되는 것, 즉 벌거벗은 생명이 되는 것이게 되는 것은 이 때문이다.

2 리바이어던과 베헤못

2

|

리바이어던과 베헤못

1. 여러분이 지금 보고 있는 것은 1651년에 '런던 소재 세인트 폴즈 처치야드의 그린 드래곤의 앤드류 크룩 출판사'에서 출간된 홉스의 『리바이어던』 초판의 표지 그림인 유명한 판화의 복사본이다(그림 1). 정확하게 지적된 대로 이것은 "현대의 정치철학사에서 가장 유명한 시각 이미지"(Malcolm 1998, p. 124)이다. 당시 우의형상寓意形像, Emblem적 문헌이 만개했던 점으로 미루어보아 하나의 이미지 속에서 저작의 내용 전체(또는 적어도 비의적 의미) ― 비코가 『새로운 과학』의 표지 그림을 위해 선택한 판화에 새겨진 대로 하자면 '작품의 이데아' ― 를 요약할 의도가 저자에게 있었다고 가정하는 것이 합리적이다. 하지만 최근 수십 년 동안 나름의 가속화를 경험했음에도 불구하고 특히 근

〈그림 1〉 토머스 홉스, 『리바이어던』, 크룩 출판사, 런던 1651년, 초판의 표지 그림.

대 정치의 우의형상에 대한 참고문헌은 상대적으로 빈약하다. 어떤 연구가 상이한 분과학문적 전문화들이 교차되는 지점에서 이루어질 때마다 흔히 일어나듯이 그러한 우의형상의 의미를 해명할 과제에 달려들 학자들은 일종의 미지의 땅*terra incognita*을 향해 나가고 있는 것처럼 보이는데, 그곳을 항해하려면 도상학의 자원들을 우리 대학들에서 가르치는 많은 분과학문 중 거의 틀림없이 가장 빈약하고 가장 명확하지 않은 분과학문, 즉 정치철학의 자원들과 결합시킬 필요가 있다. 여기서 우리가 필요로 하는 지식은 철학적 도상학*iconologia philosophica*이라고 부를 수 있을 학문의 그것이다. 아마 (알키아토^Andrea Alciato의 『우의형상학*Emblamata*』이 출판된) 1531년부터 (카츠^Jacob Cats의 『우의와 사랑의 도상학*Sinne-en minnebeelden*』이 출판된) 1627년 사이에 존재했을 테지만 오늘날에는 극히 초보적 원리들조차 손에 넣을 수 없는 학문의 지식이 그것이다.

이 우의형상을 해석하려고 시도하면서 나는 홉스는 어떤 의도로 그러한 우의형상을 만들어냈을까를 항상 유념할 것이다. 즉 비록 은폐된 방식이지만 이 책의 문제의 핵심으로 우리를 이끌어줄 문 또는 문턱으로 간주할 생각이다. 하지만 그렇다고 해서 내가 반드시 『리바이어던』에 대한 비의적 독법을 제출하려고 한다는 것은 아니다. 우리에게 이 저서에 대한 중요한 단행본을 하나 남겨준 슈미트는 실제로 『리바이어던』은 비의적인 책일지도 모른다고 몇 차례나 암시한 바 있다. 그는 이렇게 쓰고 있다.

> [『리바이어던』의] 이 이미지 뒤에는 보다 깊은, 보다 비밀로 가득 찬 의미가 감추어져 있을 가능성이 있다. 당시의 모든 위대한 사상가들처럼 홉스에게도 비의적 은폐에 대한 감각이 있었다. 그는 자신에 대해 종종 '서곡들'을 작곡했지만 진짜 생각은 오직 반만 드러냈으며, 창문을 열자마자 폭풍우가 두려워 잽싸게 문을 닫는 사람처럼 행동했다고 말하고 있다(Schmitt 1982, 43~44/26).

그리고 다시 한 번 1945년에도 멜빌의 한 소설의 등장인물인 세레노Benito Cereno의 이름으로 서명한 후 윙거Ernst Jünger에게 보낸 편지에서 이렇게 쓰고 있다.

> 이것은 철두철미하게 비의적인 책입니다ein durch und durch esoterisches Buch. 그리고 이 책에 내재적인 비의주의는 그것 속으로 파고들어갈수록 더 깊어져만 갑니다. 따라서 이 책에서 손을 떼는 것이 좋습니다! 원래 있던 자리에 돌려놓으세요. …… 이 책의 비법 속에 뛰어들지 말고 적절한 형식으로 입문해 입회를 허락받을 때까지 기다리십시오. 그렇지 않으면 건강을 해칠 분노가 치밀어 오르는 것에 사로잡혀 모든 파괴를 넘어서 있는 어떤 것을 파괴하려고 시도할 수도

있을 테니까요(Jünger and Schmitt 1999, p. 193).

이러한 여러 논평은 분명히 그것들이 가리키는 진짜 책만큼이나 비의적이지만 여전히 그것들이 알려고 하는 비법을 파악하는 데는 성공하고 있지 못하다. 모든 비의적 표상은 불가피하게 모순을 포함하는데, 그것이 신비주의나 철학과 명백하게 구분되는 점을 표시해준다. 즉 만약 감추고 있는 것이 진지한 어떤 것으로 농담이 아니라면 그것은 그 자체로 받아들여야 한다. 어떤 주체라도 도대체 알지 못하는 것을 안다고 주장할 수 없을 것이다. 만약 그와 반대로 농담이라면 그러한 경우 비의주의는 한층 덜 정당화될 것이다.

더 나아가 여기서 우리가 관심을 갖고 있는 표지 그림 자체에서 홉스가 '비의적 베일' 같은 것을 암시했을 가능성도 있다. 실제로 그러한 우의형상의 중앙에는 책 제목이 새겨진 일종의 베일 또는 무대의 막이 걸려 있는데, 이론적으로는 뒤에 무엇이 있는지를 보기 위해 그것을 들춰보는 것이 가능하다. 슈미트도 이를 놓치지 않고 "하부 중앙의 막은 여기서 많은 것이 이야기되지만 또한 많은 것이 감추어지고 있다는 것을 암시한다"(Schmitt 1982, p. 151)고 지적한다. 클랍마르Arnold Clapmar의 『공공의 것의 비법에 관해: 권 6 De arcanis rerum publicarum: libri sex』(1605년)과 베졸트Christoph Besold의 『공공의 것의 비법론Dissertatio de arcanis rerum *publicarum*』(1614년)으로부터 시작되는 바로크 시대 정치 이론의 주요한 흐름 중의 하나에 가장 고유한 의도는 바로 권력의 구조에서 가시적인 면과 숨겨져 있어야 하는 다른 면(진짜 통치의 비법*arcana imperii*)을 구분하는 것이었다. 지금까지 제시되어온 대로 (Berns 1987, p. 396) 정치철학을 최초로 과학적 기반 위에 올려놓으려고 한 홉스의 의도들로부터 이보다 더 동떨어진 것도 없을 것이다. 이어지는 페이지들에서 우리는 앞의 막을 들어 올리려고 시도해볼 텐데, 그렇다고 해서 우리가 홉스에게 어떤 비의적인 의도를 부여하려는 것은 아니다. 야무진 독자, 즉 독자라는 이름에 걸맞은 독자라면 누구나 의당 그렇게 해야 하겠지만 어떤 설명의 특수한 세부사항과 양상이 자기 눈을 피해나가는 것을 허용하지 않을 독자에게 의존하고 있는 글을 비의적인 것으로 부르고 싶지 않다면 말이다.

א 고대 세계의 극장에도 무대의 막은 이미 존재했다. 하지만 위에서 드리우는 것이 아니라 (오늘날의 독일식 커튼처럼) 아래에서 들어 올렸으며, 무대와 악단 사이의 파여진 곳에 보관되었다. 고대의 연극에서처럼 마치 무대 위의 장면을 감추고, 그것을 현실로부터 분리시켜야 하는 것이 대지가 아니라 하늘에서 유래하기라도 하듯 그와 반대로 위에서 막을 드리우는 관행이 언제 시작되었는지 나는 모른다. 오늘날 무대의 막은 커튼처럼 가운데

서 옆으로 여닫는 것이 보통이다. 앞 무대의 막의 움직임에서 일어난 그러한 변화들에 이런저런 의미를 부여하는 것이 정당한지는 확신하지 못하겠다. 어쨌든 『리바이어던』의 표지 그림에서 권력의 상징적 중심을 감추고 있는 베일 또는 커튼은 위에 있는 두 개의 끈으로 묶여 있으며, 따라서 대지가 아니라 하늘로부터 내려져 있다.

2. 홉스의 지시에 따라 이 이미지를 판각한 예술가가 누구인가 하는 문제 — 대다수 연구자에 따르면 보스$^{Abraham Bosse}$이다 — 는 여기서 우리 관심사가 아니다. 보다 흥미로운 것은 양피지 위에 쓴 이 원고 필사본이 존재하는 것인데, 홉스가 찰스 2세를 위해 필사해둔 그것에서 표지 그림의 이미지는 간과할 수 없는 몇 가지 차이를 보인다. 그중 가장 의미심장한 것은 분명히 여기서는 리바이어던의 신체를 형성하는 작은 인간들의 눈길이 책에서처럼 주권자의 머리가 아니라 독자, 즉 이 필사본이 헌정되고 있는 주권자를 향하고 있는 것이다(그림 2). 하지만 그러한 의미에서라면 실제로 두 표지 그림은 굳이 대조된다고까지는 할 수 없는데, 두 경우 모두 신민들의 눈길은 (한 그림 속에서는 이미지로 존재하고 다른 그림에서는 실제로 존재하는) 주권자를 향하고 있기 때문이다. 리바이어던이 손에 든 칼과 제사장의 나무지팡이가 만나는 이 우의상징의 가장 높은 부분에서 우리는 「욥기」,

〈그림 2〉 아브라함 보스, 토머스 홉스, 『리바이어던』, 1651년의 표지 그림, 양피지 위에 필사(대영박물관, Mss. 이거튼, 1910년).

41장 24절의 라틴어 인용문을 읽을 수 있다. *Non est potestas super terram quae comparetur ei*[지상의 누가 그와 겨루랴]. 이 구절은 「욥기」의 마지막 부분에 나오는데, 거기서 하느님은 욥의 어떤 항의도 묵살하기 위해 태곳적의 두 마리 무시무시한 괴물을 욥에게 그려 보인다. 베헤못(유대 전통에서는 거대한 황소로 표상된다)과 바다의 괴물인 리바이어던이 그것이다. 리바이어던에 대한 묘사에서는 그의 무시무시한 힘이 강조된다. 홉스가 따르고 있는 『불가타 성서』에 따르면

너는 낚시로 리바이어던을 낚을 수 있느냐? 혀를 끈으로 맬 수 있느냐? …… 목덜미엔 힘이 도사려 있어 그 앞에서 절망의 그림자가 흐느적일 뿐. …… 바위 같이 단단한 심장, 맷돌 아래짝처럼 튼튼한 염통, 한 번 일어서면 신들도 무서워 혼비백산해 거꾸러진다. 칼로 찔러보아도 박히지 않고 창이나 표창, 화살 따위로도 어림없다. 쇠를 지푸라기인 양 부러뜨리고 청동을 썩은 나무인 양 비벼버린다. …… 깊은 물웅덩이를 솥처럼 끓게 하고 바닷물을 기름 가마처럼 부글거리게 하는구나. 번쩍 길을 내며 지나가는 저 모습, 흰 머리를 휘날리며 물귀신 같이 지나간다. 지상의 누가 그와 겨루랴. 생겨날 때부터 도무지 두려움을 모르는구나. 모든 권력가가 앞에서 쩔쩔매니, 모든 거만한 것들의 왕이 여기 있다[*Non est potestas super terram quae comparetur ei, qui factus est ut nullum timeret/omne sublime videt ipse est rex super universos filios superbiae*(「욥기」,

40장 25절, 41장 14절, 23~26절).

홉스는 『리바이어던』 28장에서 분명히 『성서』의 이 구절을 참고하면서 통치자 — 인간의 자만심과 기타 정념들은 그의 통치에 복종하도록 만들어진다 — 가 가진 큰 힘을 리바이어던에 빗대어 이렇게 쓰고 있다.

> 이 용어는 「욥기」, 41장의 마지막 두 장에서 가져온 것이다. 하느님은 '리바이어던'의 강대한 힘을 일컬어 거만한 것들의 왕이라고 했다. "지상의 누가 그와 겨루랴. 생겨날 때부터 도무지 두려움을 모르는구나. 모든 권력가가 앞에서 쩔쩔매니, 모든 거만한 것들의 왕이 여기 있다"(홉스, 진석용역, 1권, p. 412).

이 두 동물은 유대 전통뿐만 아니라 기독교 전통에서도 특유한 종말론적 의미를 갖는데, 그에 대해서는 나중에 살펴보기로 하자.

이 라틴어 인용문은 이 우의상징(이 표지 그림 또한 우의상징의 전통에 따라 그려졌는데, 그러한 전통에서 이미지에는 항상 모토나 문장이 수반된다)의 모토인데, 이 모토 바로 아래에서 거대한 형상을 볼 수 있다. 만인을 "단 하나의 동일한 인격"(홉스, P. 232[17장])으로 결합하는 계약이라는 홉스적 학설에 따라 그것의 상반신 — 그의 신체 중 가시적인 부분은 이것뿐이다 — 은 작은 인간의 모습을 한 무리*multitude*로 형성되어 있다. 이 거대한 인간은 머리에는 왕관을 쓰고, 오른손에는 현세적 권력의 상징인 검을, 왼손에는 영적(또는 홉스라면 '교회적'이라는 말을 선호하겠지만) 권력의 상징인 제사장의 나무지팡이를 들고 있다. 바리온Hans Barion은 이 이미지는 중세 교회의 표상들과는 정반대로 대칭을 이루고 있음을 지적한 바 있는데, 중세라면 오른손으로는 제사장의 나무지팡이를, 왼손으로는 검을 쥔다는 것이다.

전경에는 이 거대한 신체의 나머지 부분을 덮듯이 곳곳에 마을이 흩어져 있는 완만하게 구릉진 풍경이 도시의 이미지까지 이어져 있는데, 거기서 분명히 (제사장의 나무지팡이에 대응해 왼쪽에서) 대성당과 (검에 상응해 오른쪽에서) 요새를 볼 수 있다.

일종의 선반에 의해 윗부분과 분할되어 있는 이 표지 그림의 아랫부분에는 이 거대한 인간의 양쪽 팔 각각에 대응하는 것처럼 일련의 작은 우의상징이 양쪽에 다섯 개씩 배치되어 있다. 그것들은 각각 현세적 권력(요새, 왕관, 대포, 한군데 모아놓은 깃발들, 전쟁)과 교회 권력(교회, 주교의 관, 파문의 번개, 논리적 삼단논법의 상징들, 일종의 공의회)을 가리킨다. 그리고 이 둘 사이에 책의 제목이 적힌 무대의 막이 걸려 있다.

3. 이 우의상징에 대한 해석은 리바이어던 같은 거대한 형상에서부터 시작해야 한다. 그동안 연구자들은 국가의 상징으로서

의 이 형상의 의미에만 너무 초점을 맞추는 바람에 예를 들어 이 형상의 위치와 관련해 분명히 제기했어야 할 몇 가지 질문을 떠올리는 데 실패하고 말았다. 이 이미지 전체를 구성하는 다른 요소들과 관련해 리바이어던은 어디에 위치해 있는 걸까?

한 모범적인 연구에서 브란트Reinhard Brandt는 비트리비우스의 인체 황금 분할도에 따라(즉 머리 부분은 신체 전체의 1/8에 상응한다는 가정에 따라) 가려져 보이지 않는 이 거대한 인간의 신체 부분을 그림으로 그려본 바 있다(Brandt 1982, pp. 211~212. 그림 3). 그 결과 이 표지 그림 중 '맘즈베리의 토머스 홉스'라는 이름이 적혀 있는 바로 그 부분에 발이 떠 있는 것 같은 인간의 형상이 나타나게 되었다. '떠 있다'라고 쓴 것은 두 발이 어디를, 즉 땅을 딛고 있는지 아니면 물을 딛고 있는지가 불확실하기 때문이다. 만약 완만히 펼쳐진 풍경 너머에는 바다가 있다고 가정한다면 — 아마 그럴 것처럼 보인다 — 그것은 『성서』의 전통에서 베헤못은 육서동물인데 반해 리바이어던은 해서동물, 일종의 거대한 물고기나 고래라는 사실과 완전히 부합한다. — 비록 '낚는 것'은 불가능하지만 말이다(홉스와 벌인 악의적인 논쟁에서 이 책의 리바이어던 — "물고기도 뭍짐승도 아니며 …… 하느님과 인간과 물고기의 잡종" — 은 홉스 본인이라고 주장한 브람홀John Bramhall은 또한 "진짜 말 그대로의 리바이어던은 고래-물고기"라고 주장한다[Bramhall 1977, p. 459]). 베헤못 대 리바이어던이라는 대립은 대지와

〈그림 3〉 라인하르트 브란트, 토머스 홉스, 『리바이어던』, 1651년을 이용한 디자인.

바다라는 기본적인 지정학적 대립에 상응한다는 슈미트의 가설은 이를 통해 이 표지 그림에서 올바름을 확인받게 된다.

어쨌든 대지와 바다의 대립을 넘어 결정적인 것은 "지상의 신", "코먼웰스 또는 국가라고 불리는 인공 인간"(홉스는 「서설」에서 그를 이렇게 규정한다)이 도시 내부가 아니라 외부에 거주한다는 경이로운 사실이다. 그의 장*은 도시의 벽들뿐만 아니라 영토와 관련해서도 외부에 있으며, 무인 지대 또는 바다에 있다. 어쨌건 도시 내부에 있지 않다. 코먼웰스 — 정치체 — 는 도시라는 물리적 신체와 일치하지 않는다. 우리가 이해해보려는 것이 바로 이처럼 특이한 상태이다.

4. 이에 못지않게 수수께끼 같으며 십중팔구 앞의 것과 관련된 이 우의상징의 또 다른 특이성은 몇 명의 무장 위병과 대성당 근처에 위치한 아주 특수한 두 형상 — 우리는 곧 이들에 대해 살펴볼 것이다 — 을 제외하면 도시에 주민이 완벽하게 보이지 않는 것이다. 거리들은 텅 비어 있으며, 도시에는 아무도 보이지 않는다. 거기에는 누구도 살지 않는 것이다. 이에 대해 가능한 설명 중의 하나는 도시 주민 전체가 리바이어던의 신체로 옮겨졌다는 것이다. 하지만 그렇게 되면 그것은 주권자뿐만 아니라 인민 또한 도시에 자리가 없기는 마찬가지라는 의미를 함축하게 될 것이다.

요컨대 이 표지 그림의 정치적 우의상징에는 또한 우리가 지금부터 해결해보려는 수수께끼와 불가사의가 포함되어 있는 셈이다. 즉 왜 리바이어던은 도시에 살지 않을까? 왜 도시에는 아무도 살지 않을까? 이 두 가지 질문에 대답하려고 시도하기 전에 '코먼웰스 또는 국가라고 불리는 인공 인간'의 일관성 자체를 의문시하는 또 다른 연구서들의 연구 성과를 검토할 만한 가치가 있을 것이다.

5. 맬컴은 『리바이어던』의 표지 그림에 대한 논고에서 홉스가 『리바이어던』과 동일한 시기에 쓴 「'공디버트*Gondibert*'에 대한 대브넌트의 서문에 대한 회답」의 한 구절에 주목하고 있다. 홉스의 저작 중에는 광학론이 두 편(1640년의 『굴절광학론*Tractatus de refractione*』과 1646년의 『광학론 초고*First Draft of the Optics*』) 있는데, 맬컴은 앞의 논고에서 분명히 당시 유행했을 광학 장치를 묘사하고 있다.

저는 [귀하가] 다음과 같이 기묘한 종류의 원근법 장치를 보았으리라 믿습니다. 즉 가운데가 빈 짧은 통을 통해 다양한 인물이 그려져 있는 한 장의 그림을 보면 거기 그려져 있는 인물들은 하나도 보이지 않고 대신 그러한 인물들의 각 부분으로 만들어진 한 인물이 보일 것입니다. 유리를 인공적으로 절단해 눈에 그러한 모습이 전달되는 것이죠(Noel Malcolm 1998, p. 125의 그림 4~5에서 재인용).

홉스가 「서설」에서 제시하는 대로 리바이어던이 "자동장치들(시계처럼 태엽이나 톱니바퀴로 움직이는 기계장치들)"(홉스, p. 21)에 빗댈 수 있는 인공물이라는 사실은 잘 알려져 있었다. 하지만 맬컴의 연구는 문제의 장치는 역학적 기계 장치가 아니라 광학 장치임을 암시한다. 무수히 많은 작은 형상들로 구성되는 리바이어던의 거대한 신체는 아무리 인공적이더라도 현실이 아니라 착시이다. ― 브람홀이 논쟁적으로 규정하듯이 "단순한 환영phantasme"이다(Bramhall 1977, p. 459). 하지만 당시 광학이 과학의 패러다임으로 점점 더 위신을 높여가던 상황과 일치해 이 인공물은 효력을 발휘할 수 있었는데, 무수히 많은 것에 통일성을 부여하고 있기 때문이다.

가리니Giovanni Battista Guarini의 『충직한 양치기Pastor Fido』의 번역본에 붙인 팬쇼Richard Fanshawe의 헌정 서한 ― 아마 홉스도 이것을 알고 있었을 것이다 ― 은 바로 그러한 종류의 기계 장치가 『리바이어던』의 우의상징의 원천일 수도 있다는 것을 확인해준다.

귀하께서는 파리에서 그림을 하나(그곳의 대법관 대기실에 있습니다) 보았을 것으로 사료됩니다. 그것은 어찌나 감탄할 만한 솜씨로

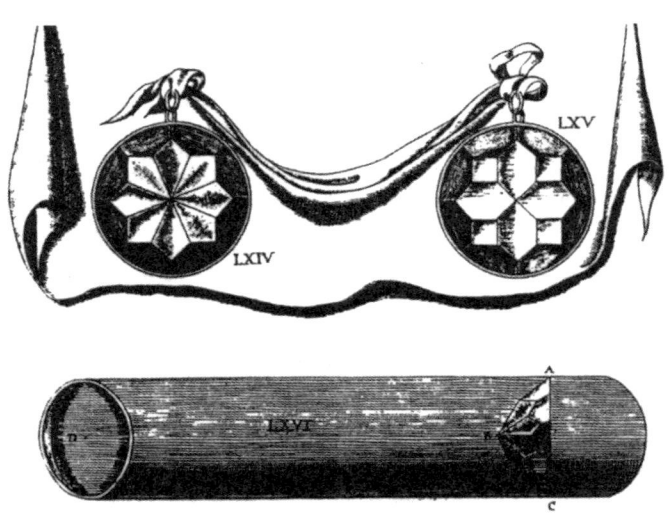

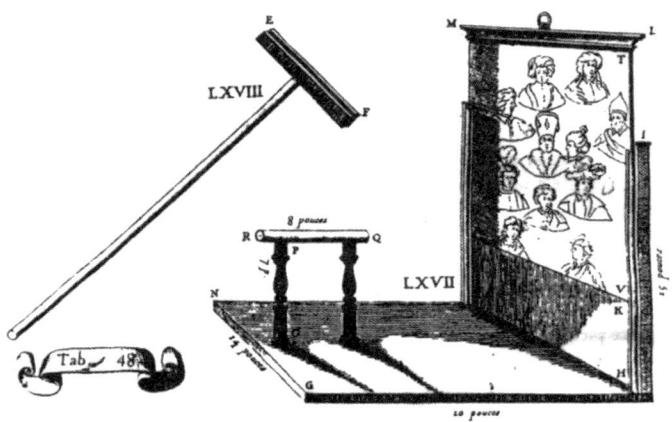

〈그림 4〉 장-프랑수아 니세롱의 광학 장치.
Jean-Françoise Niceron, *La perspective curieuse, ou Magie artificielle des effects merveilleux*(Paris: Pierre Billaine, 1638), 표 48.

만들어져 있는지 보통의 방식으로 보는 사람들에게는 작은 얼굴의 무리(저 귀족의 유명한 조상들)를 보여줍니다. 동시에 (그러한 목적을 위해 거기 설치되어 있는) 원근법 장치를 통해 보면 이 대법관 본인의 큰 초상 하나밖에 나타나지 않습니다. 화가는 그렇게 함으로써 …… 점점 더 정묘한 철학을 통해 …… 어떻게 **정치체***Body Politik* 가 많은 자연적 신체들로 구성되는지를 넌지시 암시하고 있습니다. 또 그러한 자연적 신체들 각각이 그 자체로 완결된 것으로 머리와 두 눈, 양손 등을 구성하는 동시에 다른 신체의 머리, 눈, 양손이라는 것을 말입니다. 또한 **공적** 인간이 파괴되면 **사적** 인간들도 보존될 수 없다는 것을 말입니다(맬컴 1998, p. 126에서 재인용).

시민의 무리가 단 하나의 인격으로 통일되는 것은 원근법 장치에 의한 환영 같은 것이다. 정치적 대표[재현]는 광학적 표상[재현]에 불과하다(하지만 그렇다고 해서 덜 효과적인 것은 아니다).

6. 이 우의상징이 독자에게 제기하는 수수께끼는 아무도 살지 않는 텅 빈 도시 그리고 지리적 경계들 바깥에 위치한 국가라는 수수께끼이다. 홉스의 정치사상에서 언뜻 난문처럼 보이는 이것에 상응하는 것을 찾을 수 있을까?

『**시민론***De Cive*』에서 그에 대한 하나의 대답을 제시하는 것은 홉스 본인으로, 그는 인민*populus*과 무리*multitudo*를 구분하면서 자

〈그림 5〉 니세롱의 광학 장치용 그림들
Jean-Françoise Niceron, *La perspective curieuse, ou Magie artificielle des effects merveilleux*(Paris: Pierre Billaine, 1638), 표 48.

신의 기본 정리 중의 하나를 '역설*paradoxum*'로 규정하고 있다. 그는 이렇게 쓴다.

> 인민은 **단일한** 어떤 것*unum quid*으로, **하나의 의지**를 갖고 있으며 그것에는 **하나의** 행위를 할당할 수 있다. 무리에 대해서는 앞의 것 중 어떤 것도 그렇다고 말할 수 없다. 모든 도시에서는 **인민이 통치한다***Populus in omni civitate regnat*. 심지어 군주제에서도 인민이 명령한다. **인민**은 **한 인간**의 의지를 통해 의지하기 때문이다. 시민, 즉 신민은 무리이다. 민주제 그리고 **귀족정**에서 시민은 무리이다. 하지만 **의회가 인민이다***curia est populus*. 그리고 **군주제에서 신민은 무리이며** (비록 역설이지만*quamquam paradoxum sit*) **왕이 인민이다***rex est populus*. 일반 사람들이나 그러한 사실을 파악하지 못하는 다른 사람들은 항상 **다수의** 사람들에 대해, 즉 도시*civitate*에 대해 마치 그들이 **인민**인 것처럼 말한다. **도시가 왕에게 반항한다**는 식으로 말하며(그것은 불가능하다), **인민**은 골치 아프고 불온한 신민이 원하고 싫어하는 일들을 원하고 싫어할 것이라고 말한다. 그들은 **인민**이라는 것을 구실로 **시민에게 도시에 맞서도록, 즉 무리에게 인민에 맞서도록 선동한다**(Hobbes 1983, p. 190).

그러한 역설을 좀 더 자세히 살펴보자. 그러한 역설에는 단절(무리/인민: 시민의 무리는 인민이 아니다)과 동일화(왕은 인민이다)가 모두 포함되어 있다. 인민은 자신을 분할한다는, 즉 자신을 '무리'와 '인민'으로 나눈다는 조건하에서 주권자이다. 하지만 유일하게 현실적인 것, 즉 자연적 신체들의 무리 — 이것은 홉스를 너무나 사로잡았다(이제 막 『리바이어던』을 마무리한 1651년 4월 15일에 그는 이렇게 쓰고 있다. "그동안 중단된 자연적 신체들에 대한 성찰로 돌아간다"[Hobbes 1996, p. 491]) — 는 어떻게 단일한 인격이 될 수 있을까? 그리고 일단 왕 속에서 하나로 통일되면 자연적 신체들의 무리는 어떻게 될까?

א 푸펜도르프는 『리바이어던』에 대한 주해에서 홉스적 공리는 역설이라는 사실을 강조한다.

"인민은 **단일한** 어떤 것으로, 하나의 의지를 갖고 있으며 하나의 행위를 할당할 수 있다. 무리에 대해서는 앞의 것 중 어떤 것도 그렇다고 말할 수 없다." 비록 이어지는 진술, 즉 "모든 도시에서는 인민이 통치한다 *Populus in omni civitate regnat*"는 결국 공허한 허세로 끝나고 만다. 사실 인민은 도시 전체나 신민의 무리를 의미하는 것이 아니기 때문이다. 앞의 의미라면 "인민, 즉 도시가 모든 도시에서 통치한다"는 진술은 동어반복이다. 뒤의 의미라면 "인민, 즉 왕과 구분되는 것으로서의 시민이 모든 도시에서 통치한다"는 것이 되지만 이 진술은 거짓이다. 바로 이어지는 진술 즉 "군주제에서도 인민이 명령한다. 인민은 한 인간의 의지를 통해 의지하기 때문이다."도 그것 대신 '군주제에서도 도시는 군주가 의지한 것을 의지하는 것으로 간주된다'라고 말했더라면 보다 간단했을 것이다. "왕이 인민이다*rex est populus*"라는 오래된 역설 또한 이와 다른 의미로는 설명될 수 없을 것이다(Pufendorf 1934, I, p. 673).

따라서 푸펜도르프 같은 법학자의 관점에서 앞의 역설은 그것을 법적 의제擬制, *fictio iuris*로 해석함으로써 해결된다. 반면 홉스에서 그러한 역설은 모든 조잡함을 그대로 간직하고 있다. 즉 주권자는 정말 인민인데, 그는 ― 비록 착시 덕분일지라도 ― 신민들의 신체로 구성되기 때문이다.

7. 그러한 질문들에 대한 대답은 『시민론』 7장에서 발견되는데, 거기서 홉스는 인민은 주권자를 선택하는 바로 그 순간 혼란스런 무리로 해체된다고 분명하게 단언한다. 그러한 일은 왕이 선택되자마자 "인민이 더 이상 하나의 인격이 아니라 ― 왜냐하면 인민이 하나의 인격인 것은 단지 주권 권력*summi imperii*인 덕분이기 때문이다 ― 해체된 무리가 되는 것*populus non amplius est person una, sed dissoluta multitudo*"은 군주제뿐만 아니라 "의회가 구성되자마자 인민이 동시에 해체되는*ea electa, populus simul dissolvitur*" 민주제와 귀족정에서도 일어난다(Hobbes 1983, p. 7, 9; p. 154).

이 해체된 무리*dissoluta multitudo*의 위상을 잘 살펴봐야만 앞의 역설의 의미를 이해할 수 있을 텐데, 그렇게 하려면 어쩔 수 없이 홉스적 정치 체계를 처음부터 다시 생각해보아야 한다. 인민 — 정치적 신체[정치체] — 은 "자신들 모두의 인격을 지닌 한 사람 또는 합의체"(Hobbes 1996, p. 232)를 임명할 때의 오직 한 순간에만 존재한다. 하지만 동시에 그러한 순간은 인민이 '해체된 무리'로 사라지는 시점과 일치한다. 따라서 정치적 신체[정치체]란 무리-인민-왕 사이의 긴장 속에서만 존재할 수 있는 불가능한 개념이다. 그것은 항상 이미 주권자를 구성하면서 자신을 해체하는 행위 속에 존재한다. 다른 한편 주권자는 단지 "인공 인간"(Hobbes 1996, p. 22)일 뿐으로, 그의 통일성은 광학 장치 또는 가면의 효과이다.

아마 홉스 사상의 기본 개념은 '신체*body*'일 것이다. 그의 철학 전체는 신체에 관한*de corpore* 숙고일지도 모른다(이것이 그를 바로크 사상가로 만든다. 바로크를 신체와 베일의 합체라고 규정할 수 있다면 말이다). 만약 『자연법 및 국가의 원리들*The Elements of Law*』의 홉스처럼 인민은 자체의 신체를 갖고 있지 않다는 점을 명확히 하는 조건이라면 말이다. "인민이 이 인민에 대해 주권을 갖고 있는 그 또는 그들과 구분되는 신체를 갖고 있다는 생각은 오류이다"(Hobbes 1969, p. 174).

홉스는 『리바이어던』에서 『시민론』의 역설을 상론하지는 않지만 18장 「설립에 의한 주권자의 권리에 대하여」를 주의 깊게 읽어보면 무리의 역설적 위상을 명확하게 알 수 있을 것이다. 여기서 홉스는 무리의 구성원은 신의계약에 의해 어떤 사람에게 주권적 권력을 부여할 것을 강요당하기 때문에

> 다른 자에게 복종하는 새로운 신의계약을 합법적으로 체결할 수 없다. 따라서 이제 군주의 백성이 된 사람들은 그의 허가 없이는 군주제를 폐지하고 통일되지 않은 무리의 혼란으로 되돌아갈 수도 또 현재 자신들의 인격을 갖고 있는 그로부터 그것을 회수해 다른 사람 또는 합의체에 넘겨줄 수도 없다(Hobbes 1996, pp. 235~236).

일견 『시민론』에서 말하는 방식과는 모순되는 것처럼 보이지만 그러한 모순은 만약 우리가 홉스처럼 신의계약에 선행하는 "통일되지 않은 무리"와 신의계약 후의 "해체된 무리$_{dissoluta\ multitudo}$"를 구분한다면 쉽게 해소될 수 있다. 인민-왕이라는 역설의 구성은 무리로부터 시작해 무리로 되돌아가는 과정인 것이다. 하지만 인민이 해체되어 들어가는 '해체된 무리'는 '통일되지 않은 무리'와는 일치할 수 없으며, 새로운 주권자를 지명할 수 있는 것으로 기대될 수 없다. **통일되지 않은 무리-인민-왕-해체된 무리라는 원환은 한 점에서 깨지며, 최초의 상태로 돌아가려는 시도는 내전과 일치한다.**

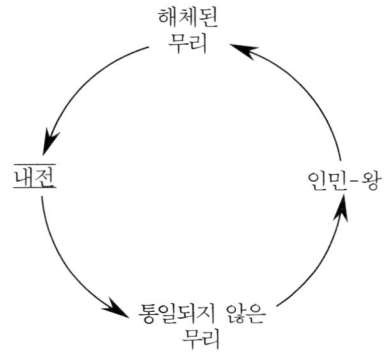

8. 이제 앞의 우의상징에서 왜 리바이어던의 신체가 도시에 거주할 수 없는지(왜 일종의 비-장소에 떠 있는지) 그리고 왜 도시에는 거주민이 없는지를 이해할 수 있을 것이다. 홉스에서 무리는 아무런 정치적 의미도 갖지 않으며 국가가 존재할 수 있으려면 무리가 사라져야 한다는 것은 상투어이다. 하지만 만약 앞의 역설에 대한 우리의 독법이 맞는다면, 즉 통일되지 않은 무리로 구성되는 인민은 다시 무리로 해체된다면 무리가 인민-왕보다 선재할 뿐만 아니라 (**해체된 무리로서**) 이후에도 계속 존속한다. 사라지는 것은 오히려 주권자의 형상 속으로 옮겨진 인민으로, 이 인민은 "모든 도시에서 통치하지만" 도시 안에서 살 수는 없다. 무리는 아무런 정치적 의미도 갖고 있지 않다. 그것은 비정치적 요소로, 도시는 그것의 배제에 기반해 건립된다. 하지만 도시 안에는 오직 무리밖에 존재하지 않는데, 인민은 항상 이미 주

권자 속으로 사라져버렸기 때문이다. 그럼에도 불구하고 무리는 '해체된 무리'인 이상 말 그대로 재현[표상] 불가능하다. 또는 오히려 앞의 표지 그림의 우의형상에서처럼 간접적으로밖에는 재현[표상]되지 않는다.

앞서 우리는 텅 빈 도시 안에 기이하게도 몇 명의 무장 위병과 아주 특수한 두 형상이 존재하는 것에 대해 주의를 환기한 바 있는데, 이제 그들의 정체를 밝힐 때가 되었다. 폴크Francesca Falk는 대성당 근처에 서 있는 두 형상이 페스트를 치료하던 의사들이 쓰던 전형적인 페스트 마스크를 쓰고 있는 것에 주의를 환기시킨다. 브레데캄프Horst Bredekamp도 그러한 세부사항을 알아챘지만 그로부터 어떤 결론도 끌어내지 않는다. 그와 반대로 폴크는 당연히 페스트가 번질 때 의사들이 갖게 되었던 정치적(또는 생명정치적) 의미를 강조한다. 그들이 이 우의상징 속에 존재한다는 것은 "선택과 배제"를 상기시키며 "페스트와 건강 그리고 주권성 사이의 관계를 그림으로 표현하고 있다"(Falk 2011, p. 73). 재현[표상] 불가능한 무리는 페스트 환자 무리와 비슷하며, 그들을 감시하는 위병과 그들을 보살피는 의사들을 통해서 밖에는 재현[표상]될 수 없다. 무리는 도시에 거주하지만 그저 주권을 행사하는 자들의 지시와 치료 대상일 뿐이다.

『시민론』 13장(그리고 『리바이어던』 30장)에서 홉스가 분명히 하는 것이 그것이다. 거기서 그는 "통치자들의 모든 의무는 '인민의 건강이 최고의 법이다$^{Salus\ populi\ suprema\ lex}$'라는 단 하나의 격률 속에 포함된다"는 것을 환기시킨 후 "인민이라는 말은 하나의 시민적 인격도 또 통치하는 도시 자체가 아니라 통치되는 시민의 무리$^{multitudo\ civium\ qui\ reguntur}$로, '건강'이라는 말은 '생명의 단순한 보존'뿐만 아니라 (가능한 한도 내에서의) '행복한 삶의 보존'으로 간주된다"(Hobbes 1983, p. 13, pp. 2~5, pp. 195~196)고 말한다. 따라서 우리의 표지 그림의 우의상징은 홉스적 무리의 역설적 위상을 완벽하게 예시하는 동시에 또한 주권 권력이 준비하고 있던 생명정치적 전환을 고지하고 있다.

하지만 이 표지 그림에 페스트 의사들이 포함된 데는 또 다른 이유가 있다. 투키디데스를 번역하던 도중에 홉스는 아테네에서 전염병은 아노미아^{anomia}[무법. 홉스는 licentiousness로 번역한다]와 메타볼레^{metabole}[전변. 홉스는 revolution으로 번역한다]의 원인으로 규정되었다는 구절에 마주치게 되었다.

> 그리고 처음에 이 질병으로부터 대방종^{anomia} — 도시에서는 이와 다른 종류의 것도 유행했다 — 이 시작되었다. 이전이라면 숨기고 자기 육욕을 위해 하는 것은 인정되지 않던 것을 지금 사람들은 굳이 자유롭게 하고 있다. 눈앞에 보이는 것이라고는 부자는 죽고 아무런 가치도 없는 인간이 그들의 재산을 상속하는 급속한 전변이기 때문이다(Hobbes 1843, p. 208).

이로부터 리바이어던의 지배 아래 도시에 거주하는 "해체된 무리*dissoluta multitudo*"는 치료와 통치 대상이 되어야 하는 페스트 환자 무리에 비견될 수 있다는 개념이 등장하게 되는 것이다. 더 나아가 리바이어던의 신민들이 처한 조건이 어쨌든 병자들이 처한 조건에 비견될 수 있다는 것은 『리바이어던』의 38장의 한 문장에서도 찾아볼 수 있는데, 거기서 홉스는 「이사야서」, 33장 24절을 주해하면서 하느님의 왕국에서 백성이 처한 조건은 아프지 않은 것이라고 쓴다("거기에 사는 백성 중에 내가 병들었다고 말하는 사람이 아무도 없다." [홉스 2권, p. 138]). ― 그와 반대로 현세적 왕국에서의 무리의 삶이란 필연적으로 해체라는 페스트에 노출되어 있기라도 하듯이 말이다.

9. 홉스의 사유 속에서 서구의 정치 전통의 소위 기본 개념, 즉 인민*populus*을 각인하고 있는 내밀한 모순이 의식되고 있음을 볼 수 있다. 서구의 정치적·철학적 어휘에서 인민을 정치적으로 규정된 신체로 가리키는 동일한 용어들이 또한 정반대되는 현실, 즉 정치적으로 규정되지 않은 무리를 가리킬 수도 있다는 점이 이미 지적된 바 있다(Koselleck 1992, p. 145). 따라서 '인민'이라는 개념은 내적 분열을 포함하고 있는 셈인데, 항상 이미 자신을 인민과 무리, 민중*dēmos*과 군중*plēthos*, 인구와 군집, 부유층 *popolo grasso*과 빈민층*popolo minuto*으로 나눔으로써 인민이 하나의

전체로 전면적으로 존재하는 것을 막는다. 그리하여 한편으로 인민은 헌법이라는 관점에서 이런저런 의식적意識的 동질성 — 그러한 동질성이 어떤 (인종적, 종교적, 경제적 등) 종류의 것이든 말이다 — 에 의해 이미 그 자체로서 규정되어야 한다. 즉 항상 이미 자신에게 현존하고 있다. 다른 한편 정치적 통일체로서 인민은 오직 인민을 대변[표상]하는 사람들을 통해서만 현존할 수 있다. 비록 적어도 프랑스혁명 이후 인민이 헌법 제정 권력의 담지자라는 것은 인정한다고 해도 그러한 권력의 담지자인 만큼 인민은 필연적으로 모든 법적·헌법적 규정 바깥에 위치해야 한다. 시에예스Emmanuel Joseph Sieyès가 이렇게 쓸 수 있던 것도 이 때문이다. "*on doit concevoir les nations sur la terre commes des individus hors du lien social ou, comme on l'a dit, dans l'état de nature*[이 지상의 국민들을 우리는 사회적 유대 바깥에 있는 개인들로 또는 사람들 말대로 하자면 자연 상태 속에 있는 것으로 파악해야 한다]." 그리고 국민은 "*ne doit ni peut s'astreindre à des formes constitutionnelle*[입헌적 형태들에 자신을 복속시켜서는 안 되며 또 그럴 수도 없다]." 그러면서도 그와 동일한 이유에서 국민은 대표자[대변인]를 필요로 하는 것으로 간주한다(Sieyès 1970, p. 183).

즉 인민은 절대적으로 현존해 있지만 그 자체로서는 결코 현존할 수 없으며, 오직 대표[표상]될 수 있을 뿐이다. 만약 인민의 부재를 '*ademia*(인민을 가리키는 그리스어 *dēmos*에서 온 말이다)'로 부를 수 있다면 홉스적 국가는 모든 국가와 마찬가지로 영속적인 아데미아라는 조건 속에 있게 될 것이다.

✕ 홉스는 인민이라는 용어가 항상 이미 자체 안에 무리를 포함하고 있을 정도로 위험천만한 구성적 양의성을 갖고 있음을 완벽하게 인식하고 있었다. 따라서 그는 『자연법 및 국가의 원리들』에서 이렇게 쓰고 있다.

> 인민의 권리를 둘러싸고 등장하고 있는 논쟁들은 말이 애매한 데서 비롯된다. 왜냐하면 인민이라는 말에는 이중적 의미가 있기 때문이다. 한 가지 의미에서 그것은 영국의 인민, 프랑스의 인민이라고 하듯이 살아가는 장소에 의해 구분되는 다수의 사람들만 의미한다. 그것은 특정한 지역에 사는 특정한 사람들의 무리에 불과할 뿐 이들 중 어떤 사람들이 나머지 사람들에 의해 강제되도록 만드는 어떤 계약이나 신의협약 같은 것은 고려되지 않는다. 그와 다른 의미에서 그것은 시민적 인격, 즉 하나의 인간이나 하나의 의회를 의미하는데, 이 인격의 의지에 모든 개별자의 의지가 포함되고 연루된다. …… 그 결과 이 두 가지 의미를 구분하지 않는 사람들은 보통 단지 코먼웰스나 주권자의 신체 속에 실제로 포함되어 있는 인민에게만 귀속되는 권리를 해체된 무리에게 할당한다(Hobbes

1969, pp. 124~125).

즉 홉스는 푸코가 근대 생명정치의 출발점으로 본 인구와 인민의 저 구분을 명료하게 알고 있었던 셈이다.

10. 만약 — 인민이 아니라 — 해체된 무리가 도시에 머무는 유일한 존재라면 그리고 만약 무리가 내전의 대상이라면 그것은 내전이 국가에서는 항상 가능하다는 것을 의미한다. 홉스도 '코먼웰스를 약화시키거나 해체를 촉진하는 요인들에 대해'라는 제목의 『리바이어던』 29장에서 거리낌 없이 이를 인정한다. 그는 이 장의 결론 부분에서 이렇게 쓴다.

> 끝으로, (내전이든 외국과의 전쟁이든) 전쟁이 벌어져 적이 최종 승리한 경우 즉 코먼웰스의 군대가 더 이상 전선을 유지할 수 없게 되어 충성을 바치는 백성을 더 이상 보호할 수 없게 된 경우 코먼웰스는 해체되고 모든 사람은 자기 자신의 분별이 가르치는 바에 따라 자기를 보호할 자유를 얻게 된다(Hobbes, 428).

이것은 내전이 진행 중이고, 무리와 주권자 사이의 투쟁의 운명이 아직 결정되지 않은 동안 국가는 해체되지 않는다는 것을 함축한다. 내전과 코먼웰스, 베헤못과 리바이어던이 공존하는 셈이다. — 해체된 무리가 주권자와 공존하듯이 말이다. 오직 국내 전쟁이 무리의 승리로 끝나야 비로소 코먼웰스로부터 자연 상태로, 해체된 무리로부터 통일되지 않은 무리로 돌아가는 일이 일어날 수 있다.

이것은 내전, 코먼웰스 그리고 자연 상태가 일치하는 것이 아니라 복잡한 관계 속에서 상호 결합되어 있음을 의미한다. 홉스가 『시민론』의 「서문」에서 설명하는 대로 자연 상태란 도시를 해체된 것으로("그것이 마치 해체된 상태인 것처럼 간주할 때 인간 본성이란 어떤 것인가를 이해하게 된다*civitas ······ tanquam dissoluta considereretur ······ ut qualis sit natura humana ······ recte intelligatur*" [Hobbes 1983, pp. 79~80]), 즉 내전이라는 관점에서 바라볼 때 나타난다. 다시 말해 자연 상태란 내전을 과거로 신화적으로 투사하는 것이다. 역으로 내전이란 자연 상태를 도시로 투사하는 것이다. 도시를 자연 상태라는 관점에서 고려할 때 바로 그러한 일이 나타난다.

11. 이제 홉스가 '리바이어던'을 책 제목으로 선택한 이유를 따져볼 때가 되었는데, 누구도 그렇게 선택한 이유를 만족할 만하게 설명하는 데는 성공하지 못했다. 코먼웰스의 이론을 제공하려고 한 홉스는 왜 적어도 기독교 전통 내에서는 악마적 함의를 지니고 있던 괴물의 이름으로 그러한 코먼웰스를 불렀을까? 이에 대해서는 「욥기」만 참조함으로써 이처럼 강력한 부정적 의

미들을 완전히 인식하지는 못한 채 순진하게 그러한 이미지를 사용함으로써 홉스는 논적들에게는 운 좋게도 자신을 논박하기에 딱 좋은 호기만 제공한 셈이 되고 말았다는 식으로 추정되기도 한다(Farneti 2002, pp. 178~179). 하지만 어떤 것을 저자 ― 문제의 저자인 홉스의 경우에는 한층 더 그러하다. 그가 신학에 대해 전문 지식을 갖추고 있다는 데는 아무런 의문의 여지도 없다 ― 의 무지 탓으로 돌리는 것은 방법론적으로 그에게 시대착오적인 능력을 부여하는 것보다 덜 바람직하다. 더 나아가 홉스가 자기 저서의 제목의 부정적 함의를 알고 있었다는 증언은 17장에서 그가 이 용어를 환기시킨 후 ― "이리하여 저 위대한 리바이어던이 탄생한다." ― 즉각 "아니, 좀 더 경건하게 말하자면"(Hobbes 1996, p. 120; 라틴어판에서는 *ut dignius loquar*)이라고 덧붙이는 사실에서 찾을 수 있다. 뿐만 아니라 그는 1679년에 쓴 한 자전적 시에서 이렇게 쓰고 있다. "리바이어던이라는 무시무시한 이름으로 알려진 저 책"(Hobbes 1680, p. 10). 그러한 사실은 슈미트로 하여금 리바이어던이라는 이미지의 선택은 "영국적 유머 감각"의 산물이었지만 홉스로 하여금 신화적 힘을 경솔하게 환기시킨 데 대한 대가를 톡톡히 치르도록 했다고 주장하도록 이끌게 된다.

그러한 이미지를 이용하는 사람은 누구나 자기 팔, 눈 또는 인간적 능력의 다른 어떤 척도로도 감당할 수 없는 영들을 부리는 마술사 역할로 쉽게 빠진다. 그는 동맹자를 만나는 대신 자기를 적의 수중에 넘겨줄 비정한 악마를 맞닥뜨릴 위험을 무릅써야 한다. …… 전통적인 유대교적 해석은 홉스의 리바이어던에 반격을 가한다 (Schmitt 1982/1996, p. 124/82).

12. 『성서』의 리바이어던을 악마적으로 해석하고 리바이어던과 적그리스도를 도상학적으로 연결하도록 이끈 전통은 푀쉬Jossie Poesch(Poesch 1970)와 베르토치Marco Bertozzi(Bertozzi 1983)에 의해 복원되었다. 두 사람은 그러한 관점에서 적그리스도에 대한 아드소의 서한과 그레고리우스 마그누스[교황]의 『도덕Moralia』의 중요성을 강조한다. 후자에서 베헤못과 리바이어던은 모두 적그리스도 그리고 「요한의 묵시론」(13장)의 괴물과 연결된다. 하지만 이미 이전에 히에로니무스는 「시편」, 103(104)편에 대한 설교에서 이렇게 쓰고 있다. "유대인들은 하느님께서 바다에 사는 리바이어던이라고 불리는 거대한 용을 만드셨다고 말한다." 그런 다음 즉각 이렇게 덧붙인다. "천국에서 쫓겨나 이브를 유혹한 것이 이 용으로, 우리를 조롱하기 위해 이 세상에 들어오는 것이 허용되었다"(Jerome 1965, p. 228). 리바이어던에 대한 악마적인 동시에 적그리스도적인 이러한 해석은 1120년경에 수도승 랑베르 드 생-오메르Lambert de St-Omer가 엮은 백과사전적

〈그림 6〉 랑베르 드 생-오메르, 『꽃들의 책』, 리바이어던 위에 앉은 적그리스도(겐트 대학교).

편찬서 『꽃들의 책*Liber Floridus*』에서 도상학적 결정화를 발견한다. 리바이어던 위에 앉은 적그리스도의 이미지와 홉스의 표지 그림의 주권자 이미지 사이의 유비 관계는 놀랄 정도로, 보스, 심지어 혹시 홉스 본인도 이 세밀화를 알고 있지 않았을까 하고 가정하는 것이 정당한 것으로 여겨질 정도이다. 머리에 왕관을 쓴 적그리스도는 오른손으로는 (홉스의 리바이어던이 검을 들고 있듯이) 창을 들고, 왼손으로는 축복의 기도를 하고 있는 듯한 몸짓을 하고 있다(이것은 이른바 영적 권력의 상징으로, 우리의 표지 그림의 제사장의 나무지팡이에 해당된다). 그의 두 발은 리바이어던의 등뼈를 딛고 있는데, 리바이어던은 일부가 물에 잠긴 긴 꼬리를 가진 용 모습으로 그려져 있다. 위에 새겨진 명구는 적그리스도와 이 괴물이 가진 종말론적 의미를 강조하고 있다. "종말의 잔혹한 괴물을 가리키는 악마의 뱀 리바이어던 위에 앉은 적그리스도*Antichrist sedens super Leviathan serpentum diabolum signatem, bestiam crudelem in fine*"(그림 6).

13. 앞에서 인용한 구절에서 슈미트는 리바이어던에 대한 "전통적인 유대교적 해석"을 언급하고 있다. 그는 연구를 계속해나가면서 그러한 암시의 의미를 명확히 한다. 그는 이렇게 쓴다. 즉 유대적·카발라적 해석에 따르면 리바이어던은

"산 위의 많은 가축"(「시편」, 50장 10절), 즉 이교도 민족들을 표상한다. 세계사는 이교도 민족들 간의 상호 투쟁으로 나타난다. 특히 바다의 힘들인 리바이어던이 육지의 힘들인 베헤못과 맞서 싸우는 역사로. …… 하지만 유대인은 지상의 민족들이 서로 죽이고 있을 때 방관한 채 지켜보고 있었다. 그러한 상호 "도살과 대량학살"은 그들에게서는 합법적이며 '적법한 것^{kosher}'이다. 그들이 도살된 민족들의 살을 먹고 그것으로 살아가는 것은 이 때문이다(Schmitt 1982/1996, pp. 17~18/8~9).

이것은 분명히 리바이어던에 관한 전통적인 탈무드적(그리고 비-카발라적) 해석을 의도적으로 곡해한 반유대적 왜곡이다. 탈무드와 미드라시의 무수한 구절에서 발견되는 그러한 전통에 따르면 두 마리의 태곳적 괴물인 리바이어던과 베헤못은 메시아의 날이 오면 서로 싸우다가 사라질 것이다. 그러면 의인義人들이 메시아의 향연을 준비할 것이며, 그러한 향연을 벌이는 동안 두 괴물의 고기를 먹게 된다는 것이다. 슈미트도 그러한 종말론적 전통을 알고 있었을 가능성이 많은데, 그는 훨씬 후에 쓴 한 논문에서 그러한 전통을 언급하면서 "의인들이 숨통이 끊어진 리바이어던의 고기를 먹어치울 지복천년의 축제라는 카발라적 고대 苦待"(Schmitt 1982, p. 142)에 대해 언급하고 있다.

14. 그러한 탈무드적 전승을 알았건 몰랐건 홉스에게 종말론적 관점이 완벽할 정도로 익숙한 내용이었던 것은 분명하다. 게다가 그것은 리바이어던하면 적그리스도를 떠올리게 되어 있던 기독교 전통에 이미 함축되어 있었는데, 이레나에우스 이후 교부들은 리바이어던을 데살로니카인들에게 보낸 바울의 두 번째 편지의 저 유명한 종말론적 여담 속에 나오는 '악한 자'와 동일시했다(「데살로니카인들에게 보낸 두 번째 편지」, 2장 1~12절). 『꽃들의 책』에 나오는 세밀화는 그저 리바이어던과 적그리스도, 태곳적 괴물과 지상의 시간의 종말이 이처럼 하나로 수렴되는 것을 그림으로 그린 표상일 뿐이다. 하지만 종말론적 주제가 『리바이어던』 3부 전체를 관통하고 있는데, '기독교 코먼웰스에 대하여'라는 제목 아래 그것은 하느님의 왕국론을, 현대의 홉스 독자들에게는 너무나 당혹스러워 종종 그저 억눌러버리고 말아온 논고를 담고 있다.

홉스는 하느님의 나라[왕국]*Basileia theou*라는 『신약성서』적 개념을 비유적 의미로 해석하는 지배적인 학설에 맞서 『신약』과 『구약』 모두에서 하느님의 나라는 실제로 존재하는 정치적 왕국[나라]을 의미한다고 강력하게 주장한다. 이스라엘 사람들이 사울을 왕으로 세운 후 중단된 이 왕국을 그리스도가 지상의 시간이 끝날 때 복위하리라는 것이다.

그러므로 하느님의 나라는 실제로 존재하는 나라이지 결코 비유적인 표현이 아니다. 『구약성서』에서만 그런 것이 아니라 『신약성서』에서도 그러하다. "나라와 권세와 영광은 영원히 당신의 것입니다"라고 할 때 이 나라는 우리의 언약에 의해 수립된 하느님의 나라로 이해해야 한다. 이것은 결코 하느님의 권능에서 자연적으로 발생하는 권리에 의해 생긴 왕국이 아니다. 그런 왕국은 하느님이 항상 갖고 있던 왕국이다. 그러므로 "그 나라가 오게 하시며"하고 기도할 때도 이것은 이스라엘 사람들이 하느님을 반역하고 사울을 왕으로 세웠을 때 중단되었던 바로 그 하느님의 나라로 그리스도가 복위하는 것을 의미한다. 그게 아니라면 앞의 기도는 무의미한 것이 되고 말 것이다. 만약 하느님의 나라가 지금까지 [중단 없이] 계속되는 것이라면 "하늘나라가 가까워졌다"는 말이나 "그 나라가 오게 하시며"하는 기도는 부적절한 말이 되고 말 것이다(『리바이어던』, 2권, p. 74).

홉스에게서 하느님의 나라가 완전히 정치적인 개념이며 종말론은 구체적인 정치적 의미를 갖고 있다는 것은 38장에서 다시금 확인된다.

마지막으로, 나는 이 책 35장에서 『성서』에 나와 있는 여러 가지 명백한 증거를 통해 다음과 같은 사실을 이미 증명한 바 있다. 즉 하느님의 나라는 정치적 코먼웰스로서, 처음에는 '옛 언약'에 의해, 나중에는 '새 언약'에 의해 하느님이 주권자이며, 그의 대행자 혹은 대리자들을 통해 통치한다는 것이다. 이러한 사실을 증명하는 『성서』구절들은 또한 우리 구주가 위엄과 영광에 싸여 재림한 후 실제적으로 그리고 영원히 통치할 하느님의 나라가 지상에 있다는 것을 증명하기도 한다(『리바이어던』, 2권, p. 74).

당연한 일이지만 바울과 『성서』, 그리고 홉스에 따르면 하느님의 나라는 단지 그리스도가 재림할 때만 지상에 실현될 것이다. 그때까지는 『리바이어던』에 선행하는 책들의 분석이 유효할 것이다. 그럼에도 불구하고 홉스의 국가론을 그가 "기독교 정치"(홉스, 2권, p. 23)라고 부르는 것의 원리를 담고 있는 이 책의 3부가 마치 쓰여지지 않은 것처럼 읽는 것은 불가능할 것이다. "정치 신학은 홉스-연구*Forschung*의 쉬볼렛*shibboleth*[어떤 것을 판별하기 위한 결정적 물음]이다"(Bernard Willms 1970, p. 31)이라는 빌름즈의 주장은 정치신학은 홉스에게서 결정적으로 종말론적 관점에서 나타난다는 의미에서 한층 더 구체화되어야 한다.

정확하게 지적되어온 대로 『리바이어던』에서 홉스는 기독교 신학을 예언과 종말론으로 환원시킬 뿐만 아니라 "예언의 권위를 종말론적 미래로 투사하고 있다." 이런 식으로 "그의 정치학은 메시아적 차원을 띠게 되며, 그것이 함축하는 메시아주의 또한 거의 조야하달 정도로 정치적이다"(Pocock 1989, pp. 173~174). 실제로 하느님의 나라와 세속의 왕국(리바이어던)은 완벽하게 자율적인 반면 종말론적 관점에서 볼 때는 두 나라 모두 지상에서 일어나며 리바이어던은 하느님의 나라가 정치적으로 이 세상에서 실현되면 필연적으로 사라져야 하기 때문에 어쨌든 이 둘은 조정되어야 한다는 사실이 홉스 이론을 규정하고 있다. 아마 홉스도 알고 있었을 가능성이 있는 캄파넬라의 한 논고의 제목을 빌리자면, '하느님의 나라'는 진정한 메시아의 단일 통치[군주제]*Monarchia Messiae*[1])이다. 세속적 군주제의 패러다임인 동시에 그것의 종말인 것이다.

15. 바로 그러한 종말론적 관점을 통해 앞의 표지 그림의 수수께끼들을 풀 수 있을 것이다. 리바이어던의 이미지에 새로운 시선으로 접근해보면 저 거대한 인간의 신체를 구성하는 작은 신체들이 특이하게도 그의 머리에는 부재하는 것을 발견할 수 있는데, 그것은 브레데캄프가 이 표지 그림에 대한 세밀한 연구에서 제안한 바 있는 고대와 현대의 도상학적 병행 관계 — 그에 따르면 작은 형상들은 머리에 집중된다 — 와는 대조를 이룬

---

1) 본래 그리스어 '*monarkhia*'에서 비롯된 이 말은 통상 '군주제'나 '군주정'으로 옮기지만 본래의 어원적 의미는 '홀로 주재함' 또는 '단일 통치'이다.

다(Bredekamp 2003).

이것은 리바이어던은 말 그대로 앞서 살펴본 대로 자체의 신체는 갖고 있지 않으며 단지 주권자의 신체 속에서만 존재할 뿐인 신민이라는 인민으로 구성되는 정치체의 '머리'라는 의미를 함축하고 있는 것처럼 보인다. 하지만 그러한 이미지는 바울적 이해방식에서 직접 유래하는데, 그의 많은 편지 속에서 그것을 찾아볼 수 있다. 그에 따르면 그리스도는 신자들로 이루어진 회중ekklēsis의 머리kephalē이다. "그리스도는 또한 당신의 몸인 교회의 머리입니다hē kephalē tou sōmatos tēs ekklēsias"(「골로사이인들에게 보낸 편지」, 1장 18절). "도리어 우리는 사랑 가운데서 진리대로 살면서 여러 몸에서 자라나, 머리이신 그리스도와 한 몸이 되어야 합니다. 우리의 몸은 각 부분이 자기 구실을 다함으로써 각 마디로 서로 연결되고 얽혀서 영양분을 받아 자라납니다"(「에페소인들에게 보낸 편지」, 4장 15~16절). "그리스도께서 당신의 몸인 교회의 구원자로서 교회의 머리가 되시는 것처럼 남편은 아내의 주인이 됩니다"(「에페소인들에게 보낸 편지」, 4장 15~16절). 그리고 마지막으로 「로마인들에게 보낸 편지」, 12장 5절. 여기서 머리의 이미지는 사라졌지만 공동체의 '수효가 많은' 사람들에 대해서는 "그리스도 안에서 한 몸을 이루고 각각 서로 서로의 지체 구실을 하고 있다"고 말한다.

만약 우리 가설이 맞는다면 저 표지 그림의 이미지는 리바이어던과 신민의 관계를 그리스도와 교회*ekklēsis*의 관계의 세속적 대응물로 나타낸다. 하지만 그리스도와 교회 사이의 관계와 관련해 '머리'라는 이미지는 바울적 종말론의 명제와 분리 불가능한데, 그에 따르면 지상의 세계의 시간이 종말을 고하면 "아드님 자신도 당신에게 모든 것을 굴복시켜주신 하느님께 굴복하실 것입니다. 그때에는 하느님께서 만물을 완전히 지배하시게 될 것 *panta en pasin*"(「고린도인들에게 보낸 첫 번째 편지」, 15장 28절)이다. 언뜻 보면 범신론적인 이 명제는 그리스도와 교회*ekklēsis*의 관계에 대한 '머리적' 이해방식과 함께 읽는다면 본래의 정치적 의미를 얻게 된다. 현재 상태에서 그리스도는 회중의 신체의 머리이다. 하지만 지상의 시간이 종말을 고할 때 천상의 나라에는 더 이상 머리와 신체 사이에 어떤 구분도 존재하지 않을 것이다. 하느님이 만물을 완전히 지배하게 될 것이기 때문이다.

만약 하느님의 나라는 비유적으로가 아니라 말 그대로 이해해야 한다는 홉스적 주장을 진지하게 받아들인다면 그것은 지상의 시간이 종말에 이를 때 리바이어던은 머리라는 허구는 지워지고 인민이 자신의 신체를 발견하게 되리라는 것을 의미한다. 정치체 — 오직 리바이어던이라는 광학적 허구 속에서만 보이며 현실에서는 실제로 존재하지 않는다 — 와 현실적으로 존재하지만 정치적으로는 가시적이지 않은 무리를 나누는 간극은 결국 완벽한 교회에 의해 메워질 것이다. 하지만 이것은 또한 그때까지는 어떤 현실적 통일도, 어떤 정치체도 실제로는 가능하지 않다는 것을 의미한다. 정치체는 다만 무리로 해체되어 들어갈 수 있을 뿐이며 리바이어던은 단지 최후까지 베헤못과, 즉 내전의 가능성과 공존할 수 있을 뿐이다.

ℵ 4 「복음서」에서 예수를 둘러싼 군중이 결코 정치적 통일체(인민)가 아니라 항상 무리나 '회중'으로 제시되는 것은 주목할 만하다. 예를 들어 『신약성서』에서 '인민'을 가리키는 세 가지 용어를 찾아볼 수 있다. *plēthos*(라틴어로는 *multitudo*)는 31차례, *ochlos*(라틴어로는 *turba*)는 131차례, *laos*(라틴어로는 *plebs*)는 142차례 나온다(이 마지막 용어가 후일 교회의 어휘에서 진정한 전문 용어가 된다. 예를 들어 하느님의 백성은 *plebs Dei*가 된다). 이 계열에서 고유한 정치적 가치를 가진 *dēmos*(*populus*)라는 용어가 마치 메시아적 사건이 항상 이미 인민을 무리 또는 무정형의 무리[덩어리]로 변형시켰기라도 한 듯 사라진다. 그와 비슷한 방식으로 홉스의 도시에서 가사적 신*mortalis Deus*이 구성되면 그와 동시에 정치체가 무리로 해체되는 결과가 생겨난다. 예수가 재림할 때까지 정치적 코먼웰스에 상당하는 하느님의 나라는 지상에 존재할 수 없다는 홉스의 정치신학적 명제는 그때까지 교회는 오직 잠재적으로만 존재한다는 의미를 함축하고 있다("하느님의 선택을 받은 사람들은 이 세상에 있는 한 오직 잠재적으로만 교회

이며, 이들이 버려진 자들과 분리되어 심판의 날에 함께 부름을 받기 전까지 교회는 현실 속에서 존재할 수 없을 것이다"[Hobbes 1983, p. 17, p. 22]).

16. 하느님의 나라가 수립되기 직전에 벌어질 종말론적 논쟁을 묘사하고 있는 것으로 모두가 전통적으로 만장일치로 간주해 온 『신약성서』의 텍스트를 검토할 때가 되었는데, 그렇게 하지 않고는 홉스의 정치적 사유에 대한 모든 해석은 불완전할 수밖에 없을 것이다. 「데살로니카인들에게 보낸 두 번째 편지」가 그것이다. 이 「편지」에서 바울은 데살로니카인들에게 하느님의 재림에 대해 말하면서 종말론적 드라마를 한쪽에는 메시아가, 다른 한쪽에는 그가 "멸망할 운명을 지닌 악한 자$^{ho\ anthrōpos\ tēs\ anomias}$"와 "이 악한 자를 제지하고 있는 자$^{ho\ katechōn}$"로 묘사하는 두 인물 사이에 벌어지는 싸움으로 묘사한다.

> 여러분은 아무에게도 절대로 속아 넘어가지 마십시오. 그날이 오기 전에 먼저 사람들이 하느님을 배반하게 될 것이며 또 멸망한 운명을 지닌 악한 자$^{ho\ anthrōpos\ tēs\ anomias}$가 나타날 것입니다. 그자는 사람들이 신으로 여기는 것이나 예배 대상으로 삼는 모든 것에 대항하고 자기 자신을 그보다도 더 높이 올려놓을 것입니다. 그뿐만 아니라 하느님의 성전에 자리 잡고 앉아서 자기 자신을 하느님이라고 주장

할 것입니다. 내가 여러분과 함께 있을 때 이런 일에 관해 누차 일러 둔 일이 있는데 여러분을 그것을 기억하지 못합니까? 아시다시피 그자는 지금 어떤 힘에 붙들려 있습니다. 그러나 제때가 되면 나타나게 될 것입니다. 사실 이 악의 세력*mystērion tēs anomias*[『불가타 성서』는 이를 *Mysterium iniquitatis*로 번역하고 있다]은 벌써 은연중에 활동하고 있습니다. 그러나 이 악한 자를 제지하고 있는 자가 없어지면 그때는 이 악한 자*anomos*가 완연히 나타날 것입니다. 그리고 주 예수께서는 다시 오실 때 당신의 입김과 광채로 그자를 죽여 없애버리실 것입니다(「데살로니카인들에게 보낸 두 번째 편지」, 2장 3~8절).

교회가 아직 종말론 사무실을 닫지 않았을 때 특히 이레나에우스부터 히에로니무스까지, 히폴리투스부터 티코니우스와 아우구스티누스까지 이르는 교부들은 문제의 두 인물 — '이 악한 자를 제지하고 있는 자'와 '악한 자[무도한 자]' — 이 누구인지를 찾아내기 위해 커다란 해석학적 노력을 기울였다. 후자가 「요한의 첫 번째 편지」에 나오는 적그리스도와 동일하다(「요한의 첫 번째 편지」, 2장 18절)는 데 의견이 만장일치를 보였으며 전자는 아우구스티누스가 『신국*De Civitate Dei*』에서 길게 주해하고 있는 전통에 따라 로마제국을 가리키는 것으로 간주되었다. 제지하고 있는 자*katechōn*라는 교의 속에서 기독교적 관점에 따라 역사를 이해할 수 있는 유일한 가능성을 보는 슈미트가 참조하는 것이 바로 그러한 전승이다. 그는 이렇게 쓰고 있다. "제지하고 있는 자가 세상의 종말을 억제하고 있다는 믿음이 인간의 모든 행위의 종말론적 마비로부터 게르만족 왕들의 기독교 왕국 같은 거대한 역사적 권력으로 이어지는 유일한 가교를 놓아 준다"(Schmitt 1973/2006, p. 29/60). 그리고 그가 홉스의 국가 이론을 위치시키는 것 또한 이러한 '카테콘적' 전통 속이다.

17. 따라서 홉스가 코먼웰스를 당시는 아직 여전히 적그리스도와 동의어이던 리바이어던이라는 이름으로 부름으로써 자기가 국가에 대한 구상을 결정적으로 종말론적 관점 안에 위치시키고 있다는 것을 알고 있었으리라는 데는 아무런 의문의 여지도 없다(방금 인용한 『시민론』의 구절에서는 교회에서 하느님의 선택을 받은 사람들과 버려진 자들이 분리되리라는 언급을 볼 수 있는데, 이 구절은 「데살로니카인들에게 보낸 두 번째 편지」를 암묵적으로 참조하고 있다). 바로 여기서 슈미트의 리바이어던 해석의 불충분함이 드러난다. 『리바이어던』에서는 전체적으로 바울의 글이 50차례 이상 인용되는데, 홉스가 「데살로니카인들에게 보낸 둘째 편지」를 결코 직접적으로 언급하지 않는 것은 우연의 일치가 아니다. 홉스의 '기독교 정치'에서 국가는 어떤 식이든 지상의 시간의 종말을 붙잡고 제지하는 권력의 기능을 가질 수 없다. 그리고 실제

로 그러한 것으로는 결코 제시되지 않는다. 그와 반대로 지상의 시간의 종말은 그러한 기독교적 전통을 잊은 것처럼 보이는 교회와 달리 홉스가 아이러니하게도 높이 평가하는 그러한 전통에 따라 어느 순간이든 일어날 수 있다. 그리고 국가는 '제지하는 자'로 행동하지 않을 뿐만 아니라 실제로는 지상의 시간이 종말에 이르면 제거되어야 할 저 종말론적 짐승과 일치하기도 한다.

정치적 개념들은 신학적 개념들이 세속화된 것이라는 슈미트의 명제는 잘 알려져 있다. 그러한 명제는 오늘날 세속화된 것은 본질적으로 종말론적 개념들이라는 의미에서 한층 더 명확히 할 필요가 있다(기독교적 종말론, 최후의 심판의 기본 용어인 '위기'라는 개념이 차지하는 중심적 위치를 생각해보라[Koselleck 2006]). 그러한 의미에서 현대 정치는 종말론의 세속화에 기반하고 있다. 종말론에 구체성과 고유한 공간을 허용해주는 홉스의 사유에 이보다 더 낯선 것도 없을 것이다. 홉스의 정치(학)를 규정하는 것은 종말론적인 것과 정치적인 것의 혼동이 아니라 상호 자율적인 두 권력 사이의 독특한 관계이다. 리바이어던의 왕국과 하느님의 왕국은 정치적으로 자율적인 두 개의 현실로, 결코 혼동되어서는 안 된다. 하지만 후자가 실현될 때 전자는 필연적으로 사라져야 한다는 의미에서 둘은 종말론적으로 연결되어 있다.

홉스의 종말론은 여기서 벤야민이 「신학-정치학 단편Theolo-gisch-politisches Fragment」에서 명확히 하려는 것과의 기이한 친화성을 드러낸다. 벤야민에게도 하느님의 왕국은 역사적 요소가 아니라 오직 종말*eschaton*로서만 의미를 가진다("역사적으로 보아 하느님의 왕국은 목표가 아니라 종말이다"[Benjamin 2002, p. 305]). 또한 벤야민에게도 세속 정치의 영역은 하느님의 왕국에 대해 완전히 자율적이다. 그럼에도 불구하고 벤야민에게도 또 슈미트에게도 세속 정치는 그러한 왕국과 관련해 어떤 '카테콘적' 기능도 갖고 있지 않다. 하느님의 왕국의 도래를 억제하기는커녕 반대로 그것은 — 벤야민은 이렇게 쓰고 있다 — "하느님의 왕국이 겨우 알아차릴 수 있을락 말락 다가오고 있음을 알리는 범주"(Benjamin 2002, p. 305)이다.

신민에게 '안전*safety*'과 '생활상의 만족*contentments of life*'을 보장해주는 리바이어던-국가는 본성상 또한 지상의 시간의 종말을 재촉하는 것이기도 하다. 바클레이John Barclay가 소설 『아르게니스*Argenis*』에서 절대주의에 대한 정당화로 정식화한 대안("인민에게 자유를 돌려주거나 아니면 국내의 평온을 보장하라"[Koselleck 1988, p. 18])은 어쩔 수 없이 미결된 채로 남는다. 홉스는 「데살로니카인들에게 보낸 첫 번째 편지」 중 '태평세월*eirēnē kai asphaleia*'이 하느님의 날의 파국적 도래와 일치한다("사람들이 태평세월을 노래하고 있을 때 갑자기 멸망이 들이닥칠 것입니다"[5장 3절])고 말하는 구절을 알고 있었다(해당 구절은 『리바이어던』의 44장[2권, p. 326]에 인용되어 있다). 베헤못이 리바이어던과 분리 불가능한 것은 이 때문이며, 슈미트가 언급하는 탈무드 전통에 따르면 세상의 시간의 종말이 오면 "베헤못이 뿔로 리바이어던을 쓰러뜨려 갈기갈기 찢어버릴 것이며 리바이어던은 지느러미로 베헤못을 쓰러뜨려 꿰찌를 것"은 이 때문이다. 의인들은 그때서야 비로소 법의 굴레에서 영원히 해방되어 메시아적 향연의 자리에 앉을 수 있게 될 것이다.

> 현자들이 말씀하셨다. 이것은 타당한 도살 방법인가? 우리는 미슈나에서 그것을 배우지 않았는가? '누구나 도살할 수 있으며 언제라도 그리고 목을 조르는 듯한 고통을 야기하기 때문에 큰 낫이나 톱 또는 이빨이나 손톱 말고는 어떤 도구로도 도살할 수 있다.' 랍비 카하나R. Abin b. Kahana는 말했다. 구세주 — 축복받으소서! — 는 말씀하였다. 새로운 **토라가 나로부터 나올 것이다**(Leviticus Rabbah 1961, 13, 3: 167; Strack and Billerbeck 1928, 1163; Drewer 1981, 152를 참조하라).

아마 『리바이어던』이, 얄궂게도 종말론 냄새가 이 정도로 짙게 밴 이 텍스트가 현대의 국가 이론의 패러다임 중의 하나가 된 것은 운명의 아이러니일 것이다. 하지만 분명한 것은 현대(성)의 정치철학은 신학적 뿌리를 의식하는 것을 통해서말고는 자기의 모순들로부터 벗어날 수 없으리라는 것이다.

참고문헌

AGAMBEN, GIORGIO, *Homo sacer. Il potere sovrano e la nuda vita*, Einaudi, Turin 2005; dt. *Homo sacer. Die souveräne Macht und das nackte Leben*, aus dem Italienischen von Hubert Thüring, Suhrkamp, Frankfurt am Main 2002.

ARENDT, HANNAH, *Über die Revolution*, Piper, München 1974.

BENJAMIN, WALTER, *Theologisch-politisches Fragment*, in: Ders., *Gesammelte Schriften*, II, 1, hrsg. von Rolf Tiedemann und Hermann Schweppenhäuser, Suhrkamp, Frankfurt am Main 1977.

BERNS, LAURENCE, *Hobbes*, in: Leo Strauss und Joseph Cropsey (Hrsg.), *History of Political Philosophy*, The University of Chicago Press, Chicago 1987.

BERTOZZI, MARCO, *Thomas Hobbes: l'enigma del Leviatano*, Bovolenta, Ferrara 1983.

BRAMHALL, JOHN, *The Catching of Leviathan, or the Great Whale*, in: Ders., *Castigations of Mr. Hobbes, His Last Animadversions, in the Case Concerning Liberty and Universal Necessity*, Crook, London 1658.

BRANDT, REINHARD, *Das Titelblatt des »Leviathan« und Goyas »El Gigante«*, in: Udo Bermbach und Klaus-Michael Kodalle (Hrsg.), *Furcht und Freiheit. Leviathan-Diskussion 300 Jahre nach Thomas Hobbes*, Westdeutscher Verlag, Opladen 1982.

BREDEKAMP, HORST, *Thomas Hobbes »Der Leviathan«. Das Urbild des modernen Staates und seine Gegenbilder, 1651–2001*, Akademie-Verlag, Berlin 2003.

DREWER, LOIS, *Leviathan, Behemoth and Ziz. A Christian Adaptation*, in: »Journal of the Warburg and Courtauld Institutes«, XLIV, 1981.

FALK, FRANCESCA, *Eine gestische Geschichte der Grenze. Wie der Liberalismus an der Grenze an seine Grenzen kommt*, Fink, Paderborn 2011.

FARNETI, ROBERTO, *Il canone moderno, filosofia politica e genealogia*, Bollati Boringhieri, Turin 2002.

HOBBES, THOMAS

1 *Leviathan* (1651), hrsg. von Richard Tuck, Cambridge University Press, Cambridge und New York 1991; dt. *Leviathan oder Stoff, Form und Gewalt eines kirchlichen und bürgerlichen Staates*, aus dem Englischen von Walter Euchner, hrsg. und eingeleitet von Iring Fetscher, Suhrkamp, Frankfurt am Main 1984.

2 *De Cive* (1642), hrsg. von Richard Tuck und Michael Silverthorne, Cambridge University Press, Cambridge und New York 1998; dt. *Lehre vom Menschen und Bürger*, aus dem Englischen von Max Frischeisen-Köhler, Felix Meiner, Leipzig 1918.

3 *The Elements of Law, Natural and Politic* (1640), hrsg. von Ferdinand Tönnies, Cass, London 1969, dt. *Naturrecht und allgemeines Staatsrecht in den Anfangsgründen*, aus dem Englischen von Ferdinand Tönnies, Wissenschaftliche Buchgesellschaft, Darmstadt 1976.

4 *The Second Book of the History of Thucydides* (1629), in: Ders., *The English Works*, VIII, hrsg. von William Molesworth, Scientia, Aalen 1966.

JÜNGER, ERNST, und SCHMITT, CARL, *Briefe, 1930–1983*, hrsg. von Helmuth Kiesel, Klett-Cotta, Stuttgart 1999.

KOSELLECK, REINHART

1 *Krise*, in: Otto Brunner, Werner Conze und Reinhart

Koselleck (Hrsg.), *Geschichtliche Grundbegriffe*, VII, Klett-Cotta, Stuttgart 1992.

2 *Kritik und Krise. Ein Beitrag zur Pathogenese der bürgerlichen Welt*, Alber, Freiburg und München 1959.

LORAUX, NICOLE

1 *La Guerre dans la famille*, in: »Clio«, V, 1997.

2 *La Cité divisée. L'oubli dans la mémoire d'Athènes*, Payot, Paris 1997.

MALCOLM, NOEL, *The Title Page of Leviathan, Seen in a Curious Perspective*, in: Ders., *Aspects of Hobbes*, Clarendon Press, Oxford 2002.

MEIER, CHRISTIAN, *Der Wandel der politisch-sozialen Begriffswelt im 5. Jahrhundert v. Chr.*, in: Reinhart Koselleck (Hrsg.), *Historische Semantik und Begriffsgeschichte*, Klett-Cotta, Stuttgart 1979.

POCOCK, JOHN GREVILLE AGARD, *Time, History and Eschatology in the Thought of Thomas Hobbes*, in: Ders., *Politics, Language, and Time. Essays on Political Thought and History*, The University of Chicago Press, Chicago 1989.

POESCH, JESSIE, *The Beasts from Job in the »Liber Floridus« Manuscripts*, in: »Journal of the Warburg and Courtauld Institutes«, XXXIII, 1970.

PUFENDORF, SAMUEL VON, *De iure naturae et gentium libri octo* (1672), in: *Gesammelte Werke*, IV, hrsg. von Frank Böhling und Wilhelm Schmidt-Biggemann, Akademie-Verlag, Berlin 1998–2011.

SCHMITT, CARL

1 *Positionen und Begriffe. Im Kampf mit Weimar-Genf-Versailles, 1923–1939*, Hanseatische Verlagsanstalt, Hamburg 1940.

2 *Theorie des Partisanen. Zwischenbemerkung zum Begriff des Politischen*, Duncker & Humblot, Berlin 1963.

3 *Der Leviathan in der Staatslehre des Thomas Hobbes. Sinn und Fehlschlag eines politischen Symbols*, Hohenheim, Köln 1982.

4 *Der Nomos der Erde im Völkerrecht des »Jus publicum Europaeum«*, Duncker & Humblot, Berlin 1974.

SCHNUR, ROMAN, *Revolution und Weltbürgerkrieg. Studien zur Ouverture nach 1789*, Duncker & Humblot, Berlin 1983.

SIEYÈS, EMMANUEL-JOSEPH, *Qu'est-ce-que le Tiers-État?* (1789), Droz, Genf 1970. Dt.: *Abhandlung über die Privilegien. Was ist der dritte Stand?*, hrsg. von Rolf Hellmuth Foerster, Insel Verlag, Frankfurt am Main 1968.

SNOW, DONALD M., *Uncivil Wars. International Security and the New Internal Conflicts*, Lynne Rienner, Boulder 1996.

STRACK, HERMANN L., und BILLERBECK, PAUL, *Kommentar zum Neuen Testament. Aus Talmud und Midrash*, IV, 2: *Exkurse zu einzelnen Stellen des Neuen Testaments*, Beck, München 1928.

VERNANT, JEAN-PIERRE (Hrsg.), *Problèmes de la guerre en Grèce ancienne*, École des Hautes Études en Sciences Sociales, Paris 1985.

WILLMS, BERNARD, *Die Antwort des Leviathan. Thomas Hobbes' Politische Theorie*, Luchterhand, Neuwied und Berlin 1970.